세상을 바꾼
질문

사소한 물음이
세상을 흔들다

세계사 가로지르기 15
세상을 바꾼 질문
© 권재원 2015

초판 1쇄   2015년 9월 14일
초판 6쇄   2023년 6월 19일

글쓴이   권재원

펴낸이   김한청
기획편집   원경은 차언조 양희우 유자영 김병수 장주희
마케팅   박태준 현승원
디자인   이성아 박다애
운영   최원준 설채린

펴낸곳 도서출판 다른
출판등록 2004년 9월 2일 제2013-000194호
주소 서울시 마포구 양화로 64 서교제일빌딩 902호
전화 02-3143-6478   팩스 02-3143-6479   메일 khc15968@hanmail.net
블로그 http://blog.naver.com/darun_pub   인스타그램 @darunpublisher

ISBN 979-11-5633-050-9 44900
      978-89-92711-70-8(세트)

세상을 바꾼

질문

사소한 물음이
세상을 흔들다

권재원 지음

다른

차례

4 네 번째 물음:
문명이 발전할수록
인간은 더 훌륭해지는 것일까

5 다섯 번째 물음:
왜 사회가 진보하는데도
빈곤은 점점 더 심해지는가

사람이 세상의 다른 존재와 구별되는 특징은 무엇일까? 동서고금을 막론하고 '생각'을 꼽는다. 현생 인류의 생물학적 명칭인 호모 사피엔스Homo sapiens 역시 '생각하는 사람'이다. 동양의 성현인 공자와 맹자, 서양의 성현인 플라톤과 아리스토텔레스 역시 '생각할 수 있는 힘'이 사람을 짐승과 구별하는 특징이라고 보았다.

그렇다면 생각이란 무엇일까? 머릿속에 뭔가 떠오르는 것, 머릿속에서 흘러가는 것들을 다 생각이라고 부르지는 않는다. 예컨대 옛날에 보거나 경험했던 것, 혹은 그것들을 조합한 어떤 것이 머릿속에 떠오를 수 있다. 그러나 그것은 '표상表象, representation'이라고 하지, 생각이라고 하지 않는다. 표상을 떠올리는 것은 생각하는 것이 아니다.

또 우리 머릿속에는 어떤 감정이나 느낌이 흘러 다니기도 한다. 예컨대 '기쁘다.' '예쁘다.' '짜증나.' 이런 식의 생각들이다. 하지만 이런 수준의 생각은 다른 동물들에게도 잘 발달되어 있다. 개나 고양이는 맛있는 먹이를 먹었던 기억을 떠올리기도 하고, 먹이를 신나게 먹는 꿈까지 꾼다.

인간을 '생각하는 사람'이라고 부를 때 '생각'은 이런 것들이 아니다.

여기서 말하는 생각이란 변화하는 환경에 적응하기 위해 기존에 알았던 것, 익숙한 것을 되돌아보고 앞으로 문제를 해결할 방안을 고안하는 과정을 통틀어 일컫는 말이다. 이러한 생각은 항상 질문과 함께 시작한다. 만약 질문이 없다면 생각도 없다. **익숙한 것들로 현재의 문제를 해결할 수 없을 때 인간은 질문을 던진다.**

그런 점에서 인간 문명의 역사는 바로 질문의 역사라고 할 수 있다. 정작 처음 질문을 던진 사람은 전혀 의식하지 못했던 사소한 물음 하나가 이후의 역사를 완전히 뒤바꾸어 놓은 사례는 이루 헤아릴 수 없을 정도로 많다. 굵직한 질문은 문명의 역사에서 굵직한 변곡점 역할을 한다. 질문 이전과 이후의 역사는 다르다. 일단 질문한 이상 인간은 생각하며, 생각한 이상 새로운 발상을 찾아낸다.

이 책에서는 인간의 역사 속에 던져진 수많은 질문 가운데 일곱 개의 질문을 뽑아 보았다. 이 일곱 개의 질문이 역사상 가장 중요하다거나 가장 큰 의미를 가지는 것은 아니다. 다만 흥미로운 결과, 의외의 결과를 가져온 질문들이다. 우리는 이 사소한 질문들이 얼마나 큰 사회 변혁을 가져왔는지 살펴보게 될 것이다.

그리고 여기 소개한 질문에 대한 답은 일부러 싣지 않았다. 우리가 살아가는 과정 속에서 그 답을 스스로 찾아내야 비로소 의미 있는 질문이 되기 때문이다.

누구라도 인류의 과거를 돌아보면서 여기서 소개한 일곱 개 외에 다른 질문들을 찾아내고 이를 통해 역사를 살펴볼 수 있다. 다른 질문을 통해 살펴본 역사는 또 다른 이야기가 되어 다가올 것이다. 또 이 일곱 개의 질문 이후에 새로이 일곱 개, 아니 칠십 개라도 질문을 던지고 앞길을 그려볼 수도 있다. 어떤 질문을 던지느냐에 따라 다른 미래가 그려질 것이다. 이런 과정에서 우리는 행복을 느낀다. 질문한다는 것은 사람만이 누릴 수 있는 축복이기 때문이다.

산다는 것, 그것은 질문하는 것이다.

역사, 그것은 질문과 대답이다.

모쪼록 이 작은 책이 많은 사람에게 한 번이라도 더 생각할 수 있는 계기가 되어 주었으면 하는 바람이다. 인생은 "다들 그렇게 사는 거야."

하며 남들의 길을 좇는 것보다는 "이렇게 사는 것이 정말 최선일까?" 하고 질문을 던지는 사람에게 더 다정하게 열려 있는 법이다.

2015년 9월

권재원

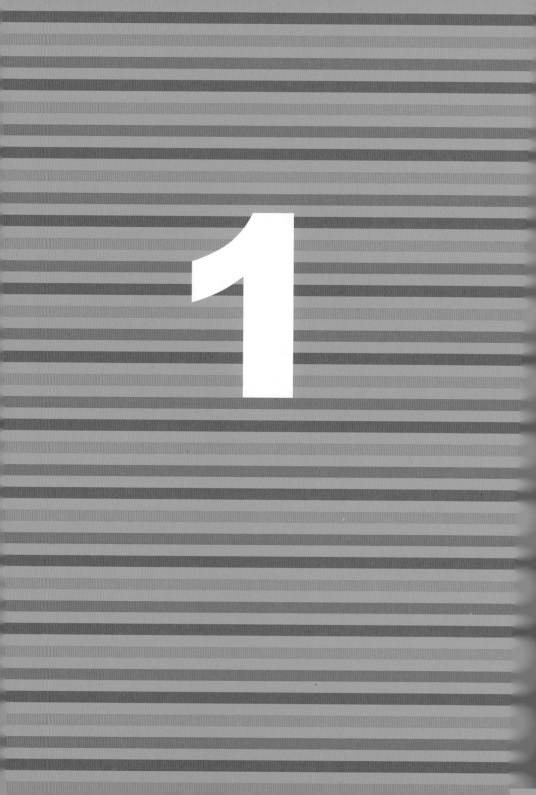

첫 번째 물음:
만물의 근원은 무엇인가

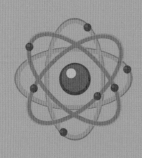

고대 그리스인들, 만물의 근원을 묻다

프랑스-스위스 국경에 위치한 유럽입자물리학연구소Conseil Européenne pour la Recherche Nucléaire, CERN에는 세계에서 가장 큰 입자가속기粒子加速器, particle accelerator가 있다. 깊이 150미터에 길이는 자그마치 27킬로미터나 되는 이 거대한 장치를 세우는 데 무려 50억 달러5조 5천억 원라는 엄청난 돈이 들었다고 한다.

이 엄청난 장치로 하는 일은 원자핵, 혹은 중성자, 양성자 같은 입자들을 서로 충돌시켜 더 작은 입자를 만들어 내는 것이다. 인간은 원자atom를 더 이상 자를 수 없는 가장 작은 입자라고 알고 있었지만, 원자는 양성자proton, 중성자neutron, 전자electron로 이루어져 있다는 것을 곧 밝혀냈다. 게다가 그 소립자를 다시 쿼크quark니 힉스higgs boson니 하는 아주 작은 입자들로 나눌 수 있다는 것도 알아냈다. 이렇게 작은 입자를 자꾸 찾아내려는 까닭은 이 세상, 우주를 이루는 가장 근본적인 물질을 찾기 위해서다.

그런데 놀라운 사실은 이런 엄청난 연구를 이끌어 낸 질문이 지금으로부터 수천 년 전에 던져졌다는 것이다. 인류는 이 질문의 답을 구하기 위해 수천 년을 고심했으며 아직도 답을 구하는 중이다. 그리고 그 과정에서 과학이 발달했다.

"만물의 근원은 무엇인가?"

이 질문을 처음 던진 사람은 수천 년 전의 그리스인들이다. 고대 그리스인들은 자연현상에 대한 신화적 설명에 만족하지 않았다. 그 결과

자연철학이 유행하였다. 자연철학은 신이나 초자연적인 대상을 배제하고 오직 자연 속에 존재하는 것들만으로 자연현상을 설명하는 학문이다. 이는 결국 "만물의 근원은 무엇인가?"라는 질문을 낳았는데, 만물의 근원이 무엇인지 알 수 있다면 근원 물질의 속성과 운동 법칙을 알 수 있을 것이고, 그것으로 이 세상을 설명할 수 있기 때문이다.

2,500년 전, 그리스인 외에는 세계 어느 지역에서도 이런 물음을 던진 사람들이 없었다. 다른 모든 지역에서는 창세신화創世神話, 세계 창조 신화가 있으면, 그걸로 끝이었다. 예컨대 유태인들은 여호와가 "빛이 있으라!"라고 했을 때 그 빛은 어디서 왔는지, 신은 무엇을 가지고 빛을 만들었는지 더 이상 묻지 않았다. 구약성경이나 중국의 신화에서는 신이 흙을 빚어 사람을 만들었다고 한다. 하지만 사람이 흙이라는 물질의 작용으로 만들어졌다거나, 흙이 사람의 근원이라고 보는 것은 아니다. 중요한 것은 세계 밖 존재인 신의 작용이지 흙의 성질이 아니다. 신은 사람을 흙이 아니라 물로도 불로도 만들 수 있는 것이다.

따라서 세계의 다른 지역에서는 "만물의 창조주는 누구인가?"를 물을 뿐 근원 물질은 묻지 않았다. 그런데 만물의 창조주는 인간의 지식과 인식능력으로는 다가갈 수 없는 존재다. 신은 스스로 인간에게 자신의 뜻을 보여 줄 때, 즉 계시할 때가 아니면 드러나지 않는다. 따라서 만물의 법칙 따위는 알 수 없다. 만물의 법칙은 **신의 뜻대로**일 뿐이다.

물론 고대 그리스에도 창세신화가 있다. 우라노스Ouranos 와 가이아Gaea 가 하늘과 땅이며, 그 사이에서 시간의 신인 크로노스Cronos 가 태어났고, 크로노스와 레아Rhea 사이에서 대지와 하늘과 저승의 신이 태어났으며,

탈레스와 개기일식. 개기일식을 신의 노여움이라 여겨 공포에 떨던 시대에 탈레스는
수학 공식을 이용하여 다음 일식이 언제 일어날지 정확하게 계산해 냈다.

프로메테우스Prometheus가 여러 생물과 사람을 창조하는 신화가 그것이다.

그런데 어떤 이유에서인지 탈레스Thales B.C.624?~B.C.546?와 그의 친구들, 통칭하여 밀레투스Miletus 학파라 불리는 일련의 철학자들은 신이나 초자연적인 존재가 아닌 현실 세계 속에서 근본 법칙을 찾으려고 하였다. 그것은 자연스럽게 만물을 이루는 근본 물질이 무엇인가에 대한 물음으로 발전하였다.

근본 물질을 묻는 것이 중요한 까닭은 신의 뜻을 배제하고 그 근본 물질의 성질과 작용을 통해 만물의 법칙을 밝히고자 한 것이기 때문이다. 가령 만물의 근원이 △라고 주장한다는 것은 이 △의 성질과 작용을 통해 세상의 모든 현상도 알아낼 수 있다고 주장하는 것이다.

물론 이들은 과학이라는 용어를 쓰지 않았다. 그 시대에 모든 학문은 철학이었다. 그래서 이들은 자신의 학문을 자연철학이라고 불렀다. 현재까지 남아 있는 기록상으로 이 물음에 대해 체계적으로 대답한 최초의 학자는 탈레스다. 그래서 탈레스를 인류 최초의 과학자라고 부른다.

탈레스가 주장한 만물의 근원은 물이다. 이는 되는대로 생각한 것이 아니라 경험적인 관찰과 증거를 통해 내린 결론이다. 탈레스가 보기에 물은 어디에서나 찾을 수 있다. 또 모든 생명체가 물을 섭취하지 않으면 목숨을 잃는다. 탈레스의 주장에 따르면 이 세상의 모든 것, 자연과 생명, 그리고 사람까지 물에서 비롯되었고 지구 역시 물 위에 떠 있다. 그는 물의 성질을 통해 자연의 여러 현상을 설명함으로써 신화나 초자연적 설명을 극복하려고 하였다. 땅속의 거인이 몸부림을 치거나 포세이돈이 분노하여 지진이 일어나는 것이 아니라 지구가 떠 있는 물이 출렁거리면서 그 위에 뜬 지구가 흔들린다고 설명한 것이다.

또한 그는 천체의 운동이 일정한 규칙을 따르고 있으며 수학과 기하학을 통해 이를 예측할 수 있다고 생각했다. 실제로 그는 기원전 585년에 일어날 일식을 예측함으로써 자연에서 일어날 일에 대한 예측을 예언자가 아니라 과학자의 일로 만들었다. 일식이나 월식 같은 현상은 불길한 일을 예고하는 조짐이 아니라, 규칙적인 자연 현상임을 보여 준 것이다.

한편 탈레스의 제자 혹은 친구로 알려진 아낙시메네스^{Anaximenes} B.C.585?~B.C.528?는 공기가 만물의 근원이라고 주장했다. 그렇게 생각한 까닭은 공기는 어디에나 있으며 끊임없이 운동하기 때문이다. 공기가 이런저런 운동을 하면서 세상의 모든 물질을 만들어 냈다는 것이다. 특히 공기의 밀도 변화가 중요한데, 공기가 팽창하면 밀도가 낮아져서 온기를 불러들여 불이 된다. 반대로 공기가 수축하면 밀도가 높아져서 바람이 되고 더 빽빽해지면 물, 그다음엔 땅이 되며 그 마지막 형태는 바위가 된다. 이처럼 아낙시메네스는 만물의 근원 물질이 무엇인지, 그것이 어떤 과정을 통해 다양한 다른 물질이 되는지 설명하는 데 성공하였다. 물론 과학적으로는 틀린 내용이지만, 그 설명 방식은 분명 과학이다.

그 밖에도 수많은 철학자고대에는 철학자와 과학자의 구별이 없었다가 만물의 근원이 무엇이며, 만물이 어떤 원리에 따라 움직이는지 논했다. 피타고라스Pythagoras B.C.580?~B.C.500?는 만물의 근원이 수number라고 하면서, 이 세상의 모든 현상을 숫자로 설명하고자 하였다. 자연현상을 수학 법칙으로 설명하는 것이 근대 과학의 핵심이라는 점에서 이는 놀라운 발상이다. 엠페도클레스Empedocles B.C.490?~B.C.430?는 흙, 물, 불, 공기라는 네 가지 기본 원소의 배합 방식에 따라 다양한 물질이 만들어진다고 주장하였다. 물론 이 4원소설은 틀렸지만, 몇 가지 기본 물질이 서로 섞이면서 다양한 물질이 만들어진다는 생각은 근대 화학의 기본 바탕이 되었다. 데모크리토스Democritos B.C.460?~B.C.370?는 더 이상 자를 수 없는 아주 작은 알갱이들이 결합하여 다양한 물질이 된다고 주장하면서, 이 알갱이들을 원자라고 불렀다. 오늘날 물리학 역시 더 이상 자를 수 없는 알갱이를 바탕으로 자연현상을 설명한다. 그런 점에서 수천 년 전에 이런 생각을 했다는 것은 놀라운 일이다.

그런데 엉뚱하게도 이렇게 놀라운 수준의 과학을 발전시켰던 고대 그리스는 기술은 그다지 발전하지 않았다. 현대의 우리는 과학과 기술

산치오 라파엘로, 〈아테네 학당The School of Athens〉. 이 프레스코화에는 54명의 인물이
표현되어 있으며 대부분 철학자·천문학자·수학자들이다. 플라톤, 아리스토텔레스를 비롯하여
디오게네스, 피타고라스, 소크라테스, 유클리드, 프톨레마이오스 등을 찾아볼 수 있다.

을 연관시키는 것을 당연하게 생각하지만, 당시 그리스의 자연철학자들
은 직접 손을 써서 물건을 만드는 기술을 천하게 여겼다. 과학은 어디까
지나 세상의 근본 법칙을 탐구하는 고상한 학문이지, 실질적인 기술을
발전시키는 데 관여해서는 안 되는 것이었다. 하늘을 바라보다 웅덩이에
빠진 탈레스의 일화가 바로 이를 풍자한 것이다.

웅덩이에 빠진 탈레스

고대 그리스의 7대 현인 중 한 사람으로 최초의 철학자이자 수학자로 칭송받는 탈레스는 재미있는 일화가 많은 인물이기도 하다. 탈레스에 얽힌 일화 몇 가지를 소개한다.

하나, 이집트를 방문했을 때 파라오가 피라미드의 높이를 물어보았다. 그러자 탈레스는 피라미드에 올라가 보지도 않고 그 자리에서 정확하게 높이를 측정했다. 방법은 간단했다. 자기 그림자의 길이가 자기 키와 똑같아진 시간에 피라미드 그림자의 길이를 잰 것이다.

둘, 마야Maya인과 미디아Midia인이 소아시아타키에서 전쟁 중이었다. 그런데 전쟁 도중 개기일식이 일어났다. 화창하던 하늘이 갑자기 캄캄해진 것이다. 그러자 이들은 신이 노했다고 생각하여 싸움을 중단하였다. 그 말을 들은 탈레스는 "싸우지 않는 것은 좋은 일이나 전쟁과 일식이 무슨 관계가 있단 말인가?"라고 웃었다. 그리고 그는 실제로 수학 공식을 이용하여 다음 일식이 언제 일어날지 정확하게 계산해 냈다.

셋, 사람들이 "학식만 많으면 뭘 합니까? 언제나 가난한데."라며 놀렸다. 그러자 탈레스는 겨울에 천문을 관측한 뒤 다음 해에 올리브가 풍작일 것을 예견하고, 막대한 돈을 들여 도시의 올리브 압착기들을 모조리 사들였다. 과연 다음 해에 올리브가 풍작이었고, 도시의 모든 사람이 올리브유를 짜기 위해 그에게 비싼 값을 주고 올리브 압착기를 빌려야 했다. 물론 탈레스는 부자가 되었다.

　넷, 하루는 탈레스가 별을 관찰하며 걷다가 물웅덩이에 빠졌다. 옆에 있던 하녀가 "하늘의 이치를 알려고 하면서 바로 앞의 물은 보지 못하시는군요." 하며 웃었다.

올리브 압착기. 탈레스는 올리브 압착기를 이용하여 과학으로도 큰돈을
벌 수 있다는 것을 보여 주었다.

현실적인 중국, 형이상학적인 그리스

서양 문명의 뿌리가 그리스라면 동양 문명의 뿌리는 중국이라고 할 수 있다. 그런데 같은 시대 중국 역사를 아무리 뒤져도 고대 그리스와 같이 과학자들을 발견하기는 어렵다. 어째서 고대 중국에는 과학의 뿌리가 만들어지지 않았을까?

흔히 "서양 문명은 물질문명, 동양 문명은 정신문명."이라는 말로 이를 설명하려는 경우가 많다. 하지만 이는 사실이 아니다. 그런 설명은 인도를 동양의 대표적인 문명으로 여기면서 이슬람, 인도, 중국 문명을 동양으로 뭉뚱그려 놓은 유럽인들의 오리엔탈리즘^{orientalism}에 불과하다. 인도 문명이 대단히 종교적이고 정신적인 것은 사실이지만, 중국 문명은 이른바 정신문명과는 거리가 멀었다.

엄밀히 따지면 예나 지금이나 중국인들은 유럽인들보다 훨씬 물질적이고 현실적이다. 세계에서 가장 오래된 문명권 중 중국처럼 종교의 발전이 미약한 지역은 없다. 공산주의 때문이 아니다. 대만, 홍콩, 그리고 세계 각지의 화교들이 공통으로 보여 주는 모습이다. 중국인들은 현실 세계의 부유함을 중요시하지, 사후 세계의 구원을 추구하는 사람들이 아니다.

실제로 중국 문명이 인류 역사에 기여한 부분도 이른바 정신문명보다 물질문명 쪽이 크다. 중국 문명은 종이, 인쇄술, 화약, 나침반 등 역사를 바꿔 놓은 중요한 발명품들을 인류에게 선사하고 육상 실크로드, 해상 실크로드, 초원길 등 교역로를 개척하는 등 기술이나 상업 쪽에 많은

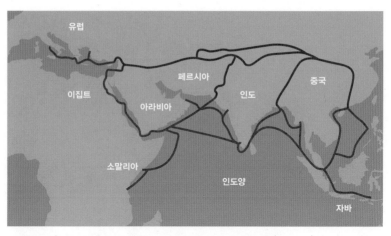

실크로드. 빨간색 선은 해상 실크로드, 파란색 선은 육상 실크로드다.
중국은 기술과 상업을 중시하여 다양한 교역로를 개척했다.

기여를 했기 때문이다. 오히려 18세기 이전까지는 현세보다 내세의 구원을 중요시했던 유럽인들이 중국에 비해 훨씬 정신적이고 종교적이었다.

중국과 유럽 사상의 뿌리가 되는 위대한 철학자들을 비교해 보아도 그 차이가 분명하다. 중국의 큰 스승이라 할 수 있는 공자孔子 B.C.551~B.C.479 나 맹자孟子 B.C.372~B.C.289는 영혼이나 초월적 정신에 대해 거의 언급하지 않았다. 부자가 하느님 나라에 가는 것은 낙타가 바늘구멍을 통과하는 것보다 어렵다고 했던 예수와 달리, 공자와 맹자는 물질적 부를 추구하는 것을 그리 나쁘게 보지 않았다. 그 부가 정당하게 벌어들인 것이고 부를 위해 인륜을 저버리지 않았다면, 부 자체는 문제될 것이 없을 뿐 아니라 오히려 권장할 만한 것이었다.

예를 들어 공자의 수제자인 자공은 당시 중국 전체에서 손꼽히는 대부호였지만 공자가 자공의 부를 문제 삼은 경우는 거의 찾기 어렵다.

자신의 아카데미에서 제자들과 함께 있는 플라톤. 플라톤은 영혼과 초월적 세상을 강조했다.

상재商才가 뛰어나 많은 재산을 모았으며여기까지는 칭찬이다, 다만 때로는 지나친 경우가 있었다, 정도로만 말했을 뿐이다. 맹자 역시 어머니의 장례를 호화판으로 치렀는데, 사람들은 호화판을 비난한 것이 아니라 아버지의 장례보다 더 성대했음을 비난했다. 유교의 이상도 세상을 다스려 백성을 구제한다는 경세제민經世濟民, 즉 경제에 있었지, 백성들을 이 세상 너머 영원의 세계로 이끌고 간다는 따위가 아니었다.

반면 고대 그리스인들은 현실 세계에 대해 매우 회의적이었다. 고대 그리스의 전설적인 현자인 실레누스는 "이 세상에 태어나지 않는 것이 가장 좋다. 그런데 이미 태어났다면 차선책은 되도록 빨리 세상을 떠나는 것이다."라는 말을 남겼다.

서양 문명의 큰 스승인 플라톤Platon B.C.428?~B.C.347?은 입만 열면 영혼과 현세 너머에 있는 초월적 세상을 강조하였다. 심지어 플라톤은 우리가 살고 있는 현실 세계가 허상에 불과하며, 감각기관으로는 지각할 수 없는 순수한 초월적 세계가 따로 있는데, 오히려 그 세계가 진실이라고까지 말했다. 즉 세상은 초월적이고 정신적으로만 존재하며 우리가 알고 있는 물질적인 세상은 그 그림자에 불과하다는 것이다. 더 나아가 그는 현실, 물질과 얼마나 멀리 떨어져 있느냐를 근거로 학문과 예술의 서열을 매기기까지 하였다. 당연히 물질로부터 멀리 떨어져 있을수록 고귀하고 중요한 학문으로 대접받았다.

스승의 이상주의를 비판하고 현실주의를 추구했다는 아리스토텔레스Aristoteles B.C.384~B.C.322 역시 세상이 눈에 보이고 감각적으로 지각되는 질료와 그 영혼에 해당되는 형상으로 이루어졌다는 이원론을 주장하였다. 그래서 형상을 다루는 학문을 형이상학물리 이상의 세계를 다루는 학문, 질료를 다루는 학문을 물리학이라 하여 서열이 다른 것으로 보았다.

그런데 역설적이게도 고대 그리스인들의 비현실적인 성향, 즉 형이상학이 바로 과학의 맹아가 되는 "만물의 근원은 무엇인가."라는 물음을 낳았다. 이는 그들이 현실 세계를 믿지 않았기 때문이며, 과학의 시작은 바로 의심이기 때문이다. 그들은 인간의 신체를 믿지 않았고 신체의 한 부분인 감각기관도 믿지 않았다. 눈은 유한한 존재인 이 세상의 껍데기만 바라볼 수 있을 뿐, 변하지 않는 이 세상의 본질, 핵심은 인간의 감각 기관으로 알아낼 수 없다고 생각했다. 따라서 고대 그리스인들은 눈에 보이고 귀에 들리는 현실 세계 배후에 숨어 있으며 보이지 않고 들리지 않는 세상의 본질, 근본적인 법칙을 찾기 위해 머리를 쥐어짰던 것이다.

반면 현실적이었던 고대 중국인들은 눈에 보이지 않는 초월적인 세상 따위에는 큰 관심이 없었다. 그들에게 중요한 것은 현실 세계에서 잘 사는 것이었다. 현실 세계가 실재 세계일까 따위의 의심은 품지 않았다. 그렇다고 자연에 대한 지식이 부족한 것은 아니었다. 고대 중국인들이 자연의 여러 현상과 성질들에 대한 지식을 가지고 있었다는 증거는 많다. 그들은 눈에 보이는 현상 이외의 본질적인 현상이 있지 않을까를 의심하지 않았을 뿐이다.

그들은 눈에 보이는 현실에서 많은 지식을 얻었고, 그것을 이용하여 부와 편리를 증진시키는 다양한 기술을 발전시켰다. 감각기관이 우리를 속이기 때문에 감각으로 지각할 수 없는 저편의 세계를 생각하라는 따위의 말은 전혀 설득력이 없었다. 공자 역시 괴력난신怪力亂神에 대해 말하지 않았고, 죽은 다음의 세상에 대해서도 "사는 것도 모르거늘 죽은 다음의 일 아니냐."고 하며 구태여 알고자 하지 않았다.

따라서 중국인들은 만물의 근원이 무엇인가라는 질문 대신, 주어진 만물을 활용하는 다양한 기술을 발전시키는 방향으로 나아갔다. 그들에게 만물, 세계란 그들의 눈에 보이고 귀에 들리고 손으로 만질 수 있는 것들이었다. 그밖에 다른 세계를 상상한다는 것은 허황된 생각에 불과했다.

이렇게 서양 문명은 정신적이었고 동양 문명은 물질적이었다. 이는 이후에도 계속 이어져, 유럽은 15세기가 될 때까지 정신적인 가치를 현실보다 중요시하는 중세 봉건사회를 지나왔고, 중국은 수많은 발명품과 활발한 교역을 통해 현세적인 문화를 발전시켰다. 오히려 기술은 그리스보다 중국이 훨씬 빨리 발전한 것이다.

중국은 기술, 그리스는 과학

현실적인 중국인들은 기술을 발전시켰고, 형이상학적인 그리스인들은 과학을 발전시켰다. 그런데 오늘날 우리는 과학과 기술을 따로 생각하지 않는다. 아예 '과학기술'이란 말이 널리 쓰일 정도다. 그런데 한쪽은 기술을 다른 한쪽은 과학을 발전시켰다면 그 차이가 도대체 무엇일까?

기술이란 어떤 일을 잘하게 하는 여러 가지 방법을 말한다. 글씨를 잘 쓰기 위한 기술이 있고, 강철로 물건을 잘 만드는 기술이 있고, 도자기를 잘 만드는 기술이 있고, 악기를 잘 연주하는 기술, 혹은 대포를 잘 쏘는 기술이 있다. 기술은 연습하고 잘 익혀서 활용하는 숙련의 대상이다. 오늘날 기술을 지칭하는 말로 노하우knowhow라는 말을 종종 사용하는데, 이는 매우 적절한 표현이다.

그렇다면 과학은 기술과 무엇이 다를까? 과학이란 **어떤 현상에 대한 보편적인 원리를 논리적으로 설명하며 경험적 증거를 통해 증명하는 것이다.**

여기서 핵심은 ① 보편적 원리 ② 논리적 설명 ③ 경험적 증거를 통한 증명이다. 보편적 원리란 그 설명이 특별한 사례가 아니라 그와 같은 종류의 모든 사례에 통한다는 뜻이다. 예컨대 뉴턴의 만유인력의 법칙은 눈앞에 떨어지고 있는 사과뿐 아니라 모든 물체에 다 통하는 법칙이다. 눈앞의 사과부터 지구, 달, 행성들, 수억 광년 밖에 있는 별들에도 적용되는 것이다.

그런데 이 설명은 아무 말이나 주절주절 늘어놓는 것이 아니라 명확한 명제 형태를 취해야 한다. **명제는 원인이나 조건을 주어로 하고 그 결과를 술어로 하는 문장이다.** 또 대부분의 과학 법칙은 하나의 명제가 아니라 여러 명제의 논리적 연결로 이루어진다. 이렇게 논리적으로 연결된 명제들이 집합을 이루면 이를 **이론**이라고 한다.

하지만 논리적으로 완벽한 설명이라 하더라도 과학은 반드시 경험적 증거를 통한 증명을 요구한다. '경험적'이란, 실제 현실 세계에서 확인 가능하다는 뜻이다. 이 경험적 증거는 실험을 통해 얻을 수도 있고, 탐사나 관찰을 통해 얻을 수도 있다. 그런데 이 경험적 증거는 관찰자, 측정자와 무관해야 한다. 즉 A가 측정하면 A로 보이고, B가 측정하면 B로 보이는 증거는 아무런 가치가 없다. 이를 **증거의 객관성**이라고 한다.

따라서 신학, 종교 교리는 과학적으로 증명될 수 없다. 신은 인간의 감각기관 너머의 존재이기 때문에 경험의 대상이 아니다. 마찬가지로 어떤 행동이 도덕적으로 올바른가 하는 것을 과학적으로 설명할 수는 없다. 이는 설명하는 사람의 입장에 따라 똑같은 상황이 전혀 다르게 보일 수 있기 때문이다.

과학이 기술을 만날 때

마르코 폴로Marco Polo 1254~1324의 《동방견문록東方見聞錄》1934에는 14세기 유럽인들이 중국의 놀라운 기술에 어안이 벙벙해하는 모습이 생생하게 묘사되어 있다. 서양이 "어째서 이런 현상이 일어나는가?"라는 의문을 던지고 현실 저편의 궁극적인 원리를 궁리하면서 온갖 허황된 설명에 몰두하고 있는 동안, 눈앞에 보이는 현실 외에는 관심 없었던 중국인들이 현실적인 기술을 발전시킨 결과다.

이렇게 처음에는 기술이 과학을 압도했다. 세상의 본질, 근본 법칙을 탐구하기 위한 도구가 불충분했기 때문이다. 따라서 과학은 세상의 본질, 근본 법칙에 대한 잘못된 지식만을 만들어 냈다. 반면 기술은 그런 허황된 생각에 시간과 자원을 낭비하지 않고 실용적인 결과를 만들어 냈다.

중국인들이 하늘의 별을 바라보며 항해나 여행에 필요한 지도를 제작할 때, 그리스인들은 별과 빛의 본질이 무엇인지 고민했다. 중국인들이 항상 같은 방향을 가리키는 자석의 성질을 이용하여 나침반을 만들었을 때 그리스인들은 자석에 어떤 힘이 있는지 알아내고자 하였다. 이렇게 고대 중국의 기술은 눈부셨고, 고대 그리스의 과학은 현실에 아무런 쓸모가 없었다.

그러나 탐구에 필요한 도구들인 개념, 수학, 그리고 각종 실험 방법과 장비들이 등장하면서 과학이 실제 세상의 법칙을 알아내기 시작했다. 과학이 옳은 지식을 만들어 낸 것이다. 이 과정을 과학혁명이라고 부른다. 과학혁명을 거치면서 서양인들은 자연현상의 비밀을 알아낼 수 있게 되었다. 과학 지식들을 기술에 적용할 수 있게 된 것이다. 이때부터 서양에서는 기술이 아니라 과학기술이 발전하기 시작했다.

기술과 과학기술의 차이는 무엇일까? 기술이 어떻게 하면 그 일이 잘되게 하는가에 대한 방법인 반면, 과학기술은 어떤 일이 잘되게 하는 방법들을 보편적인 과학 원리를 통해 설명하고 증명하는 것이다. 기술이 노하우의 영역이라면 과학은 노와이know-why의 영역이다. 즉 기술이 어떤 일이 잘되게 하는 결과에 초점을 맞추고 있다면, 과학기술은 그 일이 잘되게 하는 원리에 초점을 맞추고 있는 것이다.

어떤 일이 잘되게 하는 결과만을 놓고 보면 사실 기술보다 과학기술이 더 훌륭하다고 볼 수는 없다. 예컨대 노래를 잘 부르기 위해 인체의 호흡기관, 발성기관의 작동 원리까지 익힐 필요는 없다. 노래 명인을 찾아 반복적으로 그 방법을 전수받는 쪽이 훨씬 빠르고 효과적일 수 있다. 하지만 지금보다 더 잘 부르고자 하거나, 지금까지 전해 내려온 것과 다른 종류의 노래를 부르고자 하거나, 다른 민족·다른 나라의 노래까지 접목시켜 새로운 창법을 만들어 내고자 한다면 작동 원리에 대한 지식이 없이는 불가능하다.

결국 **기술과 과학기술의 차이는 전승이냐 발전이냐의 문제다.** 물론 기술도 계속 발전한다. 하지만 그 속도는 근본 원리에 대한 탐구에서 비롯되는 과학기술의 발전 속도와는 비교할 수 없다. 특히 과학기술은 새로운 과학 법칙이 발견되면, 즉 인간이 새로운 지식을 알아내면 이를 빠르게 기술에 접목시킬 수 있다. 하지만 기술은 그러기가 쉽지 않다. 오히려 새로운 지식을 거부하거나 완강하게 저항하기도 한다.

과학이 비약적으로 발전한 19세기 이후 과학기술을 발전시킨 유럽인들은 자연의 신비가 벗겨지는 만큼 자연을 통제하고 이용할 수 있는 새로운 기술을 만들어 냈다. 그러나 과학 없이 기술만 발전시킨 중국인들은 그만큼의 큰 발걸음을 내딛지 못하였다.

아편전쟁, 과학기술이 기술을 따돌리다

1840년 영국 의회는 격렬한 논쟁을 벌였다. 중국^{이하 청나라}과 전쟁을 선포해야 한다는 주전파와 명분 없는 전쟁은 할 수 없다는 반전파 간의 격론이 벌어진 것이다. 이는 청나라의 흠차대신 린쩌시^{林則徐}가 영국 상인들이 보유하고 있던 마약^{아편}을 압수하고 불태워 버린 사건이 발생했기 때문이다. 영국의 주전파 의원들은 이를 영국인의 재산⁽⁷⁾에 대한 타국 정부의 폭력적 침탈로 간주하여 응징을 요구했다. 워털루에서 나폴레옹을 격파했던 영국의 영웅 웰링턴^{Arthur Wellesley Wellington 1769~1852} 공작은 이렇게 분노를 터뜨렸다.

"50년 공직 생활에서 영국 국기가 광둥에서 당한 것과 같은 모욕을 본 일이 없다."

이 사태는 청나라와의 무역에서 영국이 엄청난 적자를 보면서 시작되었다. 영국은 청나라로부터 막대한 양의 비단, 차, 도자기를 수입했지만, 청나라에 판매할 만한 이렇다 할 상품이 없었다. 영국은 이렇게 누적되는 적자를 견디지 못하여 인도에서 아편을 들여와 판매하였다. 당연

영국 증기 함선의 공격에 중국의 정크선은 속수무책이었다. 1840년 청나라와 영국 사이에
일어난 아편전쟁은 1842년 청나라가 패하여 난징조약을 맺음으로써 끝이 났다.

히 청나라는 이를 강력하게 단속하였고, 전권을 위임받은 흠차대신 린쩌시가 영국 상인들의 아편을 압수했다.

사정이 이러하니만큼 글래드스턴^{William Ewart Gladstone 1809~1898, 나중에 20년이나 영}국 총리를 지낸 인물은 다음과 같이 연설하면서 전쟁 반대 여론을 불러일으켰다.

> 우리 영국의 외무장관은 청나라의 정당한 권리마저 짓밟으며 이 부정한
> 무역을 정당화하고 있습니다. 세상에 이렇게 부정하고 치욕적인 전쟁은
> 들어본 적도 없습니다. …… 저 추악한 아편 무역을 보호하기 위해 영국의
> 깃발이 나부끼고 있습니다. …… 이 전쟁의 승리와 그 이득은 확실합니다.
> 그러나 아무리 이득이 크더라도 그로 인해 영국의 국왕과 대영제국이
> 입을 명예, 위신, 존엄성의 손실은 비교할 수가 없습니다. 중국 영토에
> 거주하면서도 중국 법률을 위반하는 외국인에 대해 식량과 음료 공급을
> 거절한 것이 어째서 중국의 죄가 되는지 본인은 잘 모르겠습니다. ……
> 그 기원과 원인을 놓고 볼 때 이것만큼 부정한 전쟁, 이것만큼 영국을
> 불명예로 빠뜨리게 될 전쟁을 나는 이제껏 보지 못했습니다.

1840년 4월 10일 투표가 이루어졌고 271대 262로 전쟁이 가결되었다. 이때 글래드스턴은 "262. 영국 양심의 무게가 고작 이 정도냐!"라고 한탄했다. 이렇게 인류 역사상 가장 추악한 전쟁이라고 불리는 아편전쟁이 일어났다.

영국이 청나라를 침공할 당시만 해도 유럽의 여러 열강과 미국은 영국의 승리를 쉽게 예상하지 않았다. 당시 청나라는 세계 경제의 30퍼센

트 이상을 차지할 정도로 부유한 나라였다. 오늘날 미국이 세계 경제에서 차지하는 비율이 24퍼센트 정도인 것을 감안하면 엄청난 경제력이다. 영국은커녕 유럽 전체와 미국을 합쳐도 청나라의 GDP에 미치지 못했다. 오죽하면 당시 세계 산업을 지배하던 영국이 마땅히 판매할 상품이 없어 마약을 취급했을까? 그리고 당연한 이야기겠지만 병력의 규모 역시 당연히 청나라가 압도적이었다.

그런데 막상 뚜껑을 열어 보니 영국의 압도적인 승리였다. 청나라 군대는 여러 장군을 포함하여 수많은 전사자를 내고 궤멸되었다. 영국군의 사상자가 500여 명인 데 비해 청나라의 사상자는 20,000여 명이 넘었다. 단 몇 척의 영국 전함에게 청나라 광둥함대 29척이 전멸했다. 결국 청나라는 불평등조약을 감수하며 영국과 강화하였고, 그때부터 홍콩은 영국 영토가 되었다.

청나라의 치욕은 이것으로 끝나지 않았다. 그로부터 10여 년 뒤에 사소한 사건을 빌미로 영국과 프랑스가 연합하여 청나라를 공격한 2차 아편전쟁이 발발했다. 2차 아편전쟁에서도 청나라는 속수무책이었다. 무려 80여 척의 군함이 격침되면서 제해권을 완전히 상실한 청나라는 영국, 프랑스 함대가 양쯔 강을 따라 거슬러 올라오며 상하이, 난징을 차례로 함락하고, 톈진에 상륙하는 것을 속수무책으로 감내해야 했다.

톈진항에 상륙한 두 나라 군대는 이루 헤아릴 수 없을 정도로 많은 청나라 군인을 학살한 뒤 마침내 수도인 베이징까지 함락했고, 황제는 피난 가는 신세가 되었다. 청나라는 영국, 프랑스에게 사실상 항복이나 다름없는 조건을 받아들이면서 강화를 맺어야 했다. 이 전쟁은 단지 청

청나라는 압도적인 병력 규모를 갖추었음에도 수많은 전사자를 내면서
영국에 참담하게 패배하였다.

나라의 패배로 끝나는 것이 아니었다. 이 사건을 계기로 이른바 서세동점
西勢東漸, 서양 세력이 동양을 지배하다의 거센 파도가 동양에 몰려왔다. 일본을 제외한
거의 모든 동양의 나라가 사실상 서양의 지배하에 들어가고 말았다.

　　청나라가 영국에게 형편없이 패배한 원인은 무엇일까. 여러 가지를
들 수 있겠지만, 무엇보다도 무기의 성능이 형편없이 뒤떨어졌다. 영국 함
선은 먼바다까지 자유로이 항해할 수 있고 방향 전환도 자유자재였던
반면, 청나라의 함선은 연안 항해밖에 할 수 없는 정크선junk이었고, 돛의
구조도 단순하여 방향 전환마저 자유롭지 않았다. 또 영국군의 대포는
백발백중인 반면, 청나라군의 대포는 10발을 쏘면 한두 발 맞을까 말까
였고, 그나마 셋 중 하나꼴로 터지지 않는 불발탄이었다. 쏘는 족족 명중

하는 영국군 대포의 명중률에 놀란 청나라 장군은 이것은 필시 영국군이 마법을 부리는 것이라고 믿었다고 한다. 그래서 부정 타고 더러운 물건으로 마법을 풀어야 한다며 민가의 변소를 뒤져 각종 오물을 긁어모았다. 농담이 아니라 정말 진지하게 그 일을 했다.

아편전쟁의 굴욕은 과학기술을 발전시킨 서양이 역사상 오랜 기간 동안 기술에서 앞서 있던 중국과 동양 세계를 완벽하게 추월했음을 확인하는 사건이다. 18세기까지만 해도 경제적으로나 기술적으로 중국에 뒤져 있던 유럽이 불과 한 세기만에 이렇게 거대한 제국을 강희康熙-옹정雍正-건륭乾隆으로 이어지는 18세기 동안 세계 최강국은 청나라였다 무릎 꿇게 만든 것이다.

이 전쟁으로 기술의 한계와 과학기술의 위력이 여지없이 증명되었다. 영국군이 청나라군에 승리를 거두는 데 주효했던 항해술과 화포술은 원래 중국에서 전파된 것이었다. 중국은 서양인들보다 1,000년 이상 먼저 나침반을 이용하여 항해했다. 명나라 제독 정화鄭和 1371~1435?가 지휘했던 함대의 범선들 앞에서 훗날 콜럼버스Christopher Columbus 1451~1506의 산타마리아호는 나룻배처럼 보일 정도였다. 또 중국은 서양보다 100년 먼저 총과 포를 만들어 사용하였다.

하지만 영국인들은 각종 물리학 법칙들을 적용하여 포탄의 명중률을 높였고, 화약의 원리를 이해하고 화약의 배합 비율을 바꾸어 파괴력을 높였다. 금속에 대한 지식을 활용하여 열에 강하고 더 튼튼한 포신을 만들었고 포의 크기도 키웠다. 또 바람의 성질과 각종 유체역학流體力學 지식을 활용하여 좀 더 유연하게 움직이고 작은 바람으로도 빠르게 항해하도록 돛을 개량하였고 거대한 군함을 만들어 운용하였다.

"만물의 근원은 무엇인가?"

현실보다 현실 너머의 본질을 추구하던 비현실적인 고대 그리스인들의 질문이 수천 년 뒤에 기술과 결합하여 엄청난 현실이 될 것이라고는 탈레스도, 피타고라스도 전혀 상상하지 못했을 것이다. 어쩌면 이들은 자신의 고결한 철학을 천한 기술 따위에 적용하는 것을 불쾌하게 생각할지도 모를 일이다.

두 번째 물음:
왕께서는 어찌하여
이익을 말씀하십니까

맹자, 왕도정치의 큰문을 열다

〈정도전〉KBS, 2014이라는 드라마가 많은 인기를 끌었다. 당시 이 드라마가 인기를 모은 이유는 고려가 무너지고 조선이 건국되는 과정을 태조 이성계가 아니라 개혁적인 정치가이자 사상가였던 정도전鄭道傳 1342~1398을 중심으로 조명했기 때문이다. 이제까지 정도전은 조선왕조의 개국공신開國功臣 정도로 알려져 있었지만, 이 드라마에서는 사회를 바꾸는 혁명가로 그려졌다.

그런데 이상하다. 혁명이라고 하면 뭔가 사회, 정치제도가 크게 바뀌어야 하는데, 고려나 조선이나 왕좌의 주인이 왕王씨에서 이李씨로 바뀌었을 뿐 왕이 통치하는 나라라는 근본은 바뀌지 않았기 때문이다. 우리나라뿐 아니라 중국도 수천 년 동안 수없이 왕가만 교체되면서 '왕이 다스리는 나라'라는 틀은 계속 유지되었다. 이 놀라울 정도로 튼튼한 동양의 군주정은 어디에서 비롯되었는지 알아보기 위해 2,500년 전 중국으로 가 보자.

지금으로부터 2,500여 년 전, 중국은 7개의 주요 강대국을 비롯한 여러 나라로 나뉘어져 서로 전쟁을 벌이던 전국시대였다. 당시 중국을 나눠 가지고 있던 왕들의 공통 관심사는 다른 나라보다 부강한 나라를 만들고, 그 힘을 바탕으로 다른 나라들을 정복하여 통일된 중국의 천자가 되는 것이었다. 이를 위해 왕들은 인재를 찾아 선비들을 널리 구하고 있었고, 선비들도 자신을 등용하여 뜻을 펴게 해줄 왕을 찾아 여러 나라를 돌아다니고 있었다. 이 선비들 중 한 사람이 맹자다.

맹자는 자신을 등용할 왕을 찾아 돌아다니던 중 위魏나라에 다다랐다. 위나라는 중국의 한가운데에 있는 나라로, 한때 중국의 패권을 노린적도 있었으나 당시 왕이었던 혜왕惠王 B.C.400~B.C.319 대에 이르러서 서쪽 영토를 진秦나라에게 빼앗겨 수도를 동쪽으로 옮겨야 하는 지경에 이르렀다. 그런데 동쪽에는 또 다른 강국인 제齊나라가 있어, 두 나라 사이에서전전긍긍하는 처지가 되었다. 혜왕은 이런 상황이 몹시 답답했다. 그런데마침 현명하다고 소문난 맹자가 찾아오자 몹시 기뻐했다. 기쁨을 이기지못한 혜왕은 단도직입적으로 맹자에게 물었다.

"현명하기로 유명한 선생께서 먼 길을 마다하지 않고 찾아오셨는데내 나라를 이롭게 할 무슨 방법이라도 있습니까?"

이때 맹자가 역사에 길이 남을 질문을 던졌다.

"왕께서는 어찌하여 이익을 말씀하십니까?"

그리고 이어서 말했다.

"오직 인仁과 의義가 있을 뿐입니다."

이 물음은 혜왕에게 매우 놀라운 것이었다. "오직 인과 의가 있을 뿐입니다."라는 말 때문은 아니었다. 당시 인과 의는 누구나 중요하다고 말하긴 했다. 문제는 이익을 부정했다는 것이다. 아니, 이익을 거론하는 것이 뭐가 문제라는 것인가? 요즘도 정치인들은 '나라의 이익'을 위하여 이런저런 일을 해야 한다고 말하지 않는가? 더구나 어떻게 나라의 이익을도모할 것이냐는 물음에 대해 한가하게 인과 의를 대답이라고 하다니?

맹자 역시 살벌한 약육강식의 시대인 춘추전국시대를 잘 알고 있었을 것이고, 이웃 나라와 전쟁을 하면서도 인과 의를 따지다가 비참하게 몰락한 송宋나라의 사례를 알고 있을 텐데 말이다.

여기에 대한 맹자의 대답은 이렇다.

왕이 "어떻게 하면 내 나라를 이롭게 할까?"라고 이야기하면, 대부大夫신하들은 "어떻게 하면 내 집안을 이롭게 할까?"라고 이야기할 것이고, 사士하급 관료들은 "어떻게 하면 내 몸을 이롭게 할까?"라고 이야기할 것입니다. 이렇게 아래와 위가 서로 이익을 취하려고 할 것이며, 이렇게 되면 나라가 위태로워질 것입니다. 만승*을 가진 나라에서 그 군주를 시해하는 자는 반드시 천승을 가진 제후들일 것이며, 천승을 가진 나라에서 그 군주를 시해하는 자는 반드시 백승을 가진 귀족들일 것입니다. 만승의 나라에서 천승의 나라를 가지고 있는 것, 천승의 나라에서 백승의 나라를 가지고 있는 것은 결코 적은 것이 아닙니다. 그럼에도 불구하고 만일 의를 뒤로하고 이익을 우선시한다면 서로 빼앗지 않으면 만족하지 못하게 될 것입니다. 인仁하면서 자신의 어버이를 버리는 사람은 아직 없었고, 의로우면서 자신의 군주를 뒤로하는 사람은 아직 없습니다. 왕께서는 "인의일 뿐이다."라고 이야기해야 하는데,

---

* 승(乘)은 전쟁에 사용하는 수레인 병거(兵車)를 세는 단위다. 만승이라 함은 병거 만 대를 징발할 수 있는 규모의 나라라는 뜻이다. 병거 1승은 대체로 6명의 병사를 필요로 하기 때문에 만승은 비전투원을 포함하면 10만 명 이상의 군대를 동원할 수 있는 나라, 천승은 1만 명 정도의 군대를 동원할 수 있는 나라다. 한나라 이전의 중국에서는 천자가 천승 규모의 나라를 잘라서 제후에게, 다시 제후는 백승 규모의 나라를 잘라서 대부에게 봉급 대신 나누어 주었다.

어째서 하필이면 꼭 집어 '이익'을 이야기하십니까?

간단히 말하면 왕이 이익을 추구하기 시작하면 신하 이하 백성들까지 모두 저마다의 이익을 추구하게 되는데, 그렇게 되면 나라가 지탱할 수 없게 되니 어찌 강대한 나라를 이룰 수 있겠느냐는 것이다. 물론 혜왕은 이 말을 탐탁하게 생각하지 않았다. 혜왕이 맹자에게 원했던 답은 위나라가 부유해지고 인구가 늘어나고_{그 시대에는 인구가 곧 국력이고 병력이었다} 군대가 강해져서 이웃 나라를 제압하고 영토를 넓히며, 나아가 중국 전체를 지배하는 패권覇權 국가가 될 수 있는 방법이었다. 그런데 맹자는 왕이 이익을 바라면 나라가 망하니 오직 인과 의가 있을 뿐이라며 이미 한 세기 전 공자가 천하의 외면을 받았던 그 주장을 반복하고 있는 것이다. 그래서 혜왕은 더 이상 맹자를 찾지 않았다.

이렇게 혜왕은 맹자를 버렸으나 혜왕의 이름은 오늘날까지도 《맹자》의 첫머리를 장식하며 남아 있다. 맹자의 첫 번째 부분이 '양혜왕 편'이라고 이름 붙여졌기 때문이다. 그리고 이후 글공부를 조금이라도 한 선비들은 누구나 '혜왕'을 "왕께서는 어찌하여 이익을 말씀하십니까?"라는 맹자의 질문을 들은 사람으로 기억하게 되었다. 혜왕은 이 사실을 알면 기뻐할까? 어쨌든 이 질문은 이후 동양의 정치사상을 지배하는 근본 질문이 되었다.

맹자는 위나라 혜왕을 떠나 제나라 선왕에게 갔다. 제나라 선왕은 나름 맹자의 가르침대로 나라를 다스려 보려는 의지가 있었다. 그래서 감히 맹자에게 '이익'을 말하지 않았다. 그 대신 맹자에게 천하의 왕이 되는 방법을 가르쳐 달라 청하였다.

맹자는 왕이 나라를 다스리는 방법이 두 종류가 있으나 그중 인과 의로 다스리는 것이 진정한 왕의 길임을 역설했다. 맹자는 이를 왕도정치王道政治라 불렀다. 인과 의로 다스리는 왕도정치의 반대편에 법과 무력으로 다스리는 패자의 길이 있다. 이를 패도정치覇道政治라 불렀다. 맹자는 처음에는 패도정치의 힘이 더 세 보이지만, 당장의 이익과 권력을 탐하는 패도정치는 결국 백성들에게 버림받기 때문에 최후의 승자는 왕도정치가 될 것이라고 주장했다.

송나라 양공의 인

기원전 643년 춘추시대, 중국 여러 나라의 맹주였던 제齊나라 환공桓公이
죽었다. 이때 송나라에는 운석隕石이 떨어졌고, 이것이 맹주가 될 징조라며
송나라 양공은 야망을 품기 시작했다. 그는 우선 공자公子들 간의 후계
다툼이 치열한 제나라로 쳐들어가 공자 소昭:孝公를 세워 추종 세력을
만들었다. 이어 4년 후에는 송·제·초 세 나라의 맹주가 되었다.

이듬해 여름, 양공은 자기를 무시하고 초나라와 내통한 정나라를
쳤다. 그러자 그해 가을, 초나라는 정나라를 구원하기 위해 대군을
파병했다. 양공은 초나라 군사를 홍수泓水: 하남성 내에서 맞아 싸우기로
했으나 전군이 강을 다 건너왔는데도 공격을 하지 않았다. 재상 목이가
참다못해, "적은 많고 아군은 적사오니 적이 전열戰列을 가다듬기 전에
쳐야 하옵니다."라고 진언을 했다.

그러나 양공은 듣지 않고 이렇게 말하였다. "군자는 어떤 경우든
남의 약점을 노리는 비겁한 짓은 하지 않는 법이오."

양공은 초나라 군사가 전열을 가다듬은 다음에야 공격 명령을
내렸다. 덕분에 위험한 도하작전渡河作戰을 완료한 초나라 군대는 순식간에
송나라를 휩쓸어 버렸다. 이 싸움에서 송나라 군대는 참패했고 양공
자신도 다리에 부상을 입은 것이 악화되어 이듬해 결국 죽고 말았다.

《십팔사략十八史略》

민심이 천심이다

제나라 선왕宣王은 법과 무력이 아니라 인과 의로 다스리는 정치인 왕도정치에 대해 동의하였다. 하지만 선왕은 왕도정치를 시행한 대표적인 성군으로 알려진 상商나라 탕왕湯王과 주周나라 무왕武王의 경력이 마음에 들지 않았다. 탕왕은 군사를 일으켜 은殷나라 걸왕桀王을 죽인 뒤 왕이 되었고, 주나라 무왕 역시 천하의 제후들을 모아서 원래 임금으로 섬겼던 은나라 주왕紂王과 그의 70만 대군을 무찌르고 왕이 되었기 때문이다. 선왕이 보기에 이들은 불충한 찬탈자들이니 인과 의에 어긋나고, 또 무력을 사용하여 왕이 되었다. 그러니 이들은 왕도정치가 아니라 패도정치를 행한 것으로 보였다. 그런데도 공자나 맹자는 이들을 성인으로 섬긴다. 그래서 선왕은 맹자에게 물었다.

"신하가 임금을 시해하는 것이 옳습니까?"

여기에 대한 맹자의 대답은 단호했다.

"인을 해치는 자를 일컬어 '남을 해치는 자'라 하고, 의를 해치는 자를 '잔인한 자'라 합니다. 남을 해치고 잔인하게 구는 자는 일개 필부일 뿐입니다. 저는 필부 걸과 주를 처형했다는 말은 들었어도 군주를 시해했다는 말은 듣지 못했습니다."

이 말을 들은 선왕이 얼마나 기분 나빴을지는 짐작하고도 남는다. 왕이 인의를 행하지 않는다면 왕의 자격이 없고 오히려 도적에 불과하니, 이에 대항하여 군사를 일으켜도 반역이 아니고 그런 왕을 죽여도 시해가 아니란 뜻이다.

여기서 우리는 맹자의 "왕께서는 어찌하여 이익을 말씀하십니까?"라는 질문의 매서운 속내를 확인할 수 있다. 그 질문 속에는 "그렇게 인의를 멀리하고 이익을 추구하면 쫓겨나는 게 당연합니다."라는 뜻이 숨어 있었던 것이다.

그렇다면 왕이 인의를 추구하는 왕자인지 이익을 추구하는 패자인지는 누가 판단하는가? 그것을 판단하는 주체는 하늘神이다. 그런데 고대 중국의 하늘은 인격신이 아니라서 스스로 말하고 행동하지 못한다. 그렇다면 하늘은 누구를 통해 자신의 뜻을 보여 주는가?

만장萬章이라는 제자가 안 그래도 그걸 물어보았다.

"하늘이 순임금에게 천하를 주었다고 하는데, 하늘이 주었다는 것은 자세하게 일러 주듯이 명령을 내렸다는 뜻입니까?"

맹자는 단호하게 대답했다.

"옛날에 요임금이 순임금을 하늘에 천거하자 하늘이 그것을 받아들였고, 백성들에게 드러내어 보여 주자 백성들이 받아들였습니다. 그러므로 '하늘은 말을 하지 않고 행적과 사실로써 보여 줄 뿐이다.'라고 한 것입니다. 《상서尙書》의 태서泰書에서 하늘은 우리 백성들이 보는 것을 통해 보고, 우리 백성들이 듣는 것을 통해 듣는다고 한 것은 이것을 말한 것입니다."

심지어 맹자는 백성들의 뜻을 전제로 침략 전쟁마저 정당화했다. 제나라 선왕은 이웃 연燕나라를 쳐서 병합하고 싶어 했다. 그래서 맹자에게 연나라를 쳐도 되겠느냐고 물었다. 그러자 맹자는 간단하게 대답했다.

"연나라 백성들이 원하면 치고, 원하지 않으면 치지 마십시오."

즉 연나라의 왕이 백성을 괴롭혀서 민심이 떠나가면 이미 연나라 왕은 하늘로부터 왕의 직위에서 해임된 것이니, 이웃 나라 왕이 그 나라를 쳐서 합병해도 침략이 아니란 것이다. 이는 거꾸로 제나라 선왕에게도 강력한 경고가 되었다. 당신이 만약 민심을 잃으면 다른 나라들이 쳐들어온다 할지라도 그것을 막을 명분이 없다는 뜻이기 때문이다.

여기서 거대한 발상의 전환이 일어난다. 하늘의 뜻은 백성의 마음을 통해 드러난다는 말이 바로 그것이다. 유교 정치 이념의 핵심인 민본사상은 서양의 왕권신수설과 완전히 다른 길을 간다. 유교의 천명사상에서 하늘은 왕에게 직접 명하지 않는다. 하늘은 백성의 목소리를 빌려서 왕에게 명한다. 따라서 하늘이 왕을 임명하는 것 역시 백성을 통해서이며, 하늘이 왕을 해임하는 것 역시 백성을 통해서다. 백성들이 누군가를 왕이라 부르고 받들면 그것은 하늘이 임명한 것이며, 백성들이 왕에게서 등을 돌리면 그건 하늘이 해임한 것이다.

민심은 천심이라는 말이 바로 여기서 나왔다. 왕이 하늘의 뜻을 따르고 있는지 아닌지를 평가할 권한이 바로 백성에게 있다는 것이다. 백성들이 왕의 통치를 기뻐하면 하늘의 뜻에 맞는 것이고, 백성들이 왕의 통치를 싫어하면 하늘의 뜻에 맞지 않는 것이다. 만약 백성들이 봉기하여 왕을 몰아내거나 쳐 죽이면 이는 백성들이 반역한 것이 아니라 하늘이 왕을 해임한 것이며, 새로운 사람이 백성들의 지지를 얻어 왕좌에 오르면 이는 바로 하늘이 백성의 목소리를 빌어 왕을 임명한 것이다.

이런 말을 하고 다녔으니 당시 중국의 군주들은 맹자를 탐탁지 않게 생각했다. 그래서 그는 여러 군주들을 만났지만 원하는 자리를 얻지 못했다. 하지만 맹자의 "왕께서는 어찌하여 이익을 말씀하십니까?"라는 물음은 이후 중국과 우리나라의 2,000년 역사를 지배하고 움직여온 근본 물음이 되었다.

이 물음이 큰 힘을 가진 까닭은 왕의 임무가 도덕임을, 그리고 그 도덕에 대한 책임을 다름 아닌 백성들에 대해서 지게 했다는 것이다. 백성들은 왕의 통치 대상이 아니라 왕의 자격을 결정하는 심판관의 자리에 서게 되었다. 심지어 백성들의 반란까지도 바로 이 심판의 행위로서 정당화가 가능했다. 이것이 바로 동양적 왕정의 특징인 '민본주의民本主義'다. 물론 민본주의는 백성을 권력자로 보지 않는다는 점에서 민주주의와는 다르다. 그러나 왕의 모든 정책이 백성의 삶을 근본으로 해야 한다는 점에서 같은 시기 다른 지역의 왕정과 큰 차이를 보인다.

지금으로부터 2,200여 년 전, 중국을 통일하고 안정적인 제국을 확립한 한漢나라는 유교를 공식적인 통치 이념으로 삼았다. 물론 당시 한나라의 통치자들은 유교의 가부장적 사고방식을 끌어들여 황제가 어버이인 거대한 가족공동체로 나라를 다스리며 백성의 자발적인 복종을 끌어내는 것이 목적이었다. 그러나 원하건 원하지 않건, "왕께서는 어찌하여 이익을 말씀하십니까? 오직 인과 의가 있을 뿐입니다."라는 물음의 대답인 민본주의 사상도 함께 수용해야 했다.

이후 중국, 우리나라, 그리고 일본의 왕은 서양의 왕과 달리 백성들에 대해 책임을 져야 했으며, 백성들 역시 가혹한 폭정에 시달리면 왕을 갈아치웠다. 이는 일단 권력을 받으면 무소불위로 휘두르고 백성의 지지를 필요로 하지 않았던 다른 지역, 특히 서양의 왕과 크게 대비된다. 중

미나모토 요리토모. 가마쿠라 막부 최초의 쇼군이다. 맹자의 질문 이후 중국은
물론이고 우리나라, 일본의 왕(쇼군)은 서양의 왕과 다른 길을 걷게 된다.

국을 비롯한 동양의 왕은 그 권력을 백성을 위해 사용해야 하고 백성의
지지를 받아야만 정당성을 유지할 수 있었다. 그래서 무소불위의 권력을
휘두르는 서양의 왕은 백성, 즉 시민들의 힘이 왕보다 강해지자 그대로
무너지고 말았지만, 백성의 지지를 통해 유지되는 동양의 왕은 지지를
잃어버린 왕 개인, 혹은 그 가문이 무너지고 다른 가문을 왕으로 세움으
로써 존속했던 것이다.

물론 서양도 왕권신수설에서 보이듯, 하늘의 이름으로 왕의 절대 권력을 정당화했다. 서양의 왕이 건네받은 신의 뜻은 다만 그리스도 교회를 수호하라는 것이었다. 따라서 왕은 백성臣民들에 대해서는 별다른 의무를 지지 않았다. 오히려 백성들이 왕에게 절대 복종해야 할 의무가 있었다. 왕이 신의 대리인이기 때문이다. 따라서 서양의 왕은 일단 권력이 집중되면 누구의 견제도 받지 않는 절대 권력이 되었다. 당연히 절대 권력은 절대 부패할 수밖에 없으며, 백성들은 왕의 폭정으로 인한 고통이 극도로 달하자, 누구의 통제도 받지 않는 권력인 왕정 자체를 폐지해 버리는 쪽으로 방향을 잡은 것이다.

서양과 동양의 왕정은 다르다

1649년은 서양 역사에서 매우 중요한 해다. 막강한 권력을 누리던 왕이라는 존재, 그리고 왕정이라는 정치체제가 근본적으로 흔들리기 시작한 해이기 때문이다. 바로 영국 국왕 찰스 1세Charles I 가 반역죄로 사형을 선고받은 해다. 그러나 찰스 1세는 자신의 혐의를 전혀 인정하지 않았다. 그래서 처형당하기 직전 마지막으로 이렇게 말했다.

> "왕이 신하를 사형시키는 것과 신하가 왕을 사형시키는 것, 어느 쪽의 죄가 더 크다고 생각하는가? 짐은 그대들의 왕임을 기억하라!"

영국 국왕 찰스 1세. 1649년, 그는 반역죄로 사형 선고를 받았고 막강한 권력을
누리던 왕정은 근본적으로 흔들리기 시작했다.

이 말에 많은 사람이 죄책감을 느꼈다. 심지어 왕에게 사형을 선고했던 영국 의회파 중에서도 상당수가 왕의 이러한 꾸짖음에 움찔하였다. 그때까지도 유럽은 절대왕정絶對王政의 시대였던 것이다. 절대왕정은 왕권신수설, 즉 왕의 권력은 신이 내린 것이니 인간의 손으로 거둘 수 없다는 믿음에 기초하고 있었다. 또 유명한 "짐이 곧 국가다."라는 말과 같이 왕의 말이 곧 법이며 왕의 몸이 곧 나라였다. 왕이 곧 국가인데 어떻게 왕에게 반역죄가 적용될 수 있단 말인가? 왕의 명을 거역하는 것이 반역의 전통적인 의미 아닌가? 그런데 왕이 왕을 거역한 죄로 사형을 선고받는다?

그러나 찰스 1세의 꾸지람에도 불구하고 유럽의 왕은 그로부터 150년이 지난 뒤 거의 사라지고 말았다. 시민혁명이 일어나서 왕이 없는 공화국이 오히려 일반적인 나라 형태가 되었고, 설사 왕이 있다 할지라도 아무런 실권이 없는 허수아비에 불과한 입헌군주정이 되었다. 이로써 서양에서는 이른바 민주주의가 가장 보편적인 정치제도가 되었다. 물론 이 과정이 얌전히 진행된 것은 아니었다. 참정권을 요구하는 시민들, 더 나아가 노동자들, 그리고 이들을 억압하려는 국왕 및 귀족 간의 힘 대결 끝에 시민들이 승리함으로써 이루어진 것이다. 18세기 후반에서 19세기 초반의 서양 역사는 그야말로 혁명의 시대로, 시민들이 왕의 권력을 무너뜨리는 사건이 마치 도미노처럼 이 나라에서 저 나라로 퍼져 나갔다.

그런데 서양 역사에서 "짐이 곧 국가다."라고 말할 만큼 막강한 왕은 있어 본 적이 별로 없다. 베르사유 궁전, 버킹엄 궁전, 쇤부른 궁전 같은 거대한 궁전이 절대군주의 상징처럼 여겨지지만 이들은 모두 1600년대 이후에야 세워진 것이다. 그 이전에 유럽의 국왕들은 왕궁 근처에나 영

절대군주의 상징으로 여겨지는 거대하고 화려한 베르사유 궁전.

향력이 미치는 좀 큰 제후에 불과했고, 지방 영주들과 교회의 권력 사이에서 전전긍긍해야 하는 형식적인 군주에 불과했다.

강력한 권력을 가진 왕의 등장은 여러 가지 역사적 사건의 우연한 결합에 의해 가능했다. 십자군 전쟁으로 교회의 권위가 떨어지고 수많은 봉건영주가 전사했다. 그리고 화약 무기의 도입으로 군인이 특별한 무술을 연마한 기사가 아니라 일반 백성들도 할 수 있는 직업이 되었다. 비로소 국왕이 제후들을 제압하고 자신에게 권력을 집중시킬 수 있게 된 것이다. 그런데 이런 중앙집권적 절대왕정이 1600년대에야 자리를 잡았다가 1700년대에 혁명과 함께 사라졌으니, 사실 절대왕정이라는 정치제도는 서양 역사에서는 다만 스쳐 지나가는 사건에 불과했던 셈이다.

반면 동양, 정확히 말하면 우리나라와 중국 등 유교 문화권에서는 서양보다 훨씬 먼저 권력이 집중된 절대군주가 등장하였고, 이후 수천 년간 그 제도가 유지되었다. 서양에서는 지금으로부터 약 400년 전에 왕이 전국을 통제할 수 있었지만, 중국에서는 이미 2,200여 년 전에 확고한 중앙집권제도인 군현제도영주를 두지 않고 전국에 왕의 관료가 파견되는 제도를 정착시켜 황제의 권력이 그 방대한 영토를 다스렸다. 우리나라 역시 지금으로부터 적어도 1,500년 전에 중앙집권 왕정을 확립하였다.

더욱 놀라운 사실은 동양에서는 이 왕정이 20세기까지 계속되었다는 것이다. 중국의 왕정이 종말을 맞이한 사건인 신해혁명은 1911년에야 일어났다. 그래서 신해혁명은 세계에서 가장 오래된 군주정이 무너진 사건으로 기록된다. 그런데 그마저도 아편전쟁, 청일전쟁 등의 연이은 패배, 그리고 의화단 사건 등으로 인한 국권의 유린 등 외적 충격이 없었다면 일어나지 않았을 것이다. 우리나라의 경우는 경술국치가 일어난 1910년까지 중앙집권적인 왕정이 유지되었다. 일본인은 한 번도 왕조가 교체되지 않고 천 년 이상 계속 이어져 내려왔다고 자랑한다.

이렇게 동양에서 수천 년간 왕정이 지속된 까닭은 무엇일까? 동양 사람들은 너무도 순종적이어서 군주가 멋대로 통치하는 것을 그저 묵묵히 받아들인 것일까? 물론 그렇지 않다. 우리나라나 중국에서도 견디다 못한 민중들이 들고 일어나 정치를 그르친 왕을 몰아내는 혁명적 사건들은 자주 있었다. 일본에서도 사실상 왕의 역할을 했던 쇼군이 정치를 그르치면 다른 장군들이나 민중들이 일어나 정권을 무너뜨렸다.

그런데 공교롭게도 동양에서는 폭군에 대항하는 봉기들이 왕정을 다른 정치체제로 바꾸는 것이 아니라, 항상 새로운 왕을 모심으로써 마무리되었다. 이는 중국이나 우리나라 모두 마찬가지였는데, 정치의 문란-민중의 봉기-왕가의 타도와 새로운 왕조 성립-과감한 개혁과 민중 삶의 안정-왕가의 쇠퇴와 정치의 문란-민중의 봉기, 이 과정이 수천 년 동안 계속 반복되었던 것이다. 따라서 동양에서의 혁명은 흔히 시민혁명이 아니라 역성혁명왕의 성씨를 바꾸는 혁명이라고 부른다.

예컨대 진시황의 가혹한 정치에 지친 농민들이 들고일어나 그 막강하던 진나라를 뒤집어엎고 유방을 새 황제로 세웠다. 수나라 양제의 폭정에 등을 돌린 민중들은 이연, 특히 그의 아들 이세민을 지지하여 당나라 왕조를 세웠다.

우리나라 역시 통일신라 말기 부패한 권력층의 학정에 시달리던 농민들을 궁예가 규합하여 후고구려를 세웠다. 고려 말기 권문세족의 횡포에 시달리던 백성들은 이미 이성계를 자신들의 왕으로 생각했고, 결국 민심을 등에 업고 조선왕조가 탄생했다. 결국 민심에 달린 일이었다. 이렇게 보면 임진왜란 당시 선조가 백성들의 지지를 얻고 있던 이순신을 그토록 경계했던 것도 이 때문이었을 것이다.

그러니 동양의 백성들이 순종적이어서 왕정이 오래 유지된 것은 아니었음이 분명하다. 다만 동양에서는 왕이 정치를 그르치면 왕정을 폐지하는 대신 왕을 갈아치웠을 뿐이다. 우리나라와 중국에서 왕이란 하늘의 뜻을 대신하여 백성들에게 올바른 정치를 제공하는 책임을 가진 존재였고, 그 책임은 오직 백성의 뜻을 통해서만 평가받았기 때문이다.

왕의 입장에서 볼 때 매우 무시무시한 사상인 천명사상, 민본주의 사상
이 중국의 공식적인 통치 이념으로 자리 잡은 것은 한나라 때의 일이다.
한나라를 세운 고조高祖가 왕도 정치를 펼치고자 했던 것은 결코 아니었
다. 진나라를 무너뜨리고 한나라를 세운 한고조 유방劉邦 B.C.247~B.C.195은
진나라 귀족도, 진나라에게 합병된 다른 여섯 나라 귀족이나 제후의 후
손도 아니었다. 유방은 농민 출신이었고, 만리장성 부역에 끌려가던 백성
들을 이끌고 반란을 일으켜 마침내 황제 자리까지 올라간 인물이다. 한
나라가 유교를 통치 이념으로 채택한 까닭이 여기에 있다. 왕족도 제후
도 아니면서 왕을 몰아내고 스스로 황제 자리에 올라간 것을 정당화하
기에는 '백성이 왕을 정한다.'는 유교만 한 것이 없었다.

물론 유교는 한나라 왕조의 설립뿐 아니라 몰락도 정당화했다. 동양
의 대표적인 고전 《삼국지연의三國志演義》의 첫 부분은 한나라 황실이 얼마
나 썩고 무능했으며, 이로 인해 백성들의 삶이 얼마나 도탄에 빠져 있었
는지 설명하기 위해 상당 부분을 할애하고 있다. 백성들에 의해 한나라
황실은 탄핵당한 것이다.

그리고 이로부터 중국, 그리고 중국의 영향을 받은 우리나라나 일본
에서는 서양과 같이 정치체제가 뒤엎어지는 혁명이 아니라 왕과 왕조가
교체되는 역성혁명이 반복되었다. **서양의 혁명이 제도를 바꾸는 것이라
면, 동양의 혁명은 사람을 바꾸었다.**

"왕께서는 어찌하여 이익을 말씀하십니까?"

맹자의 이 물음은 비단 왕조의 흥망성쇠뿐 아니라 우리나라, 중국, 일본 역사 곳곳에서 나타난다. 예컨대 안중근 의사가 남긴 유명한 말, "눈앞에 이익이 있거든, 먼저 그것이 의로운지 생각하라.見利思義" 역시 이 물음과 연결되어 있다. '나는 절대 이익이 아니라 인의만을 생각할 것이다.'라는 결심이기 때문이다. 만약 안중근 의사가 자신의 행위가 자신에게 어떤 이익을 줄 것인지를 고려했다면 그와 같은 의거를 결심하기 어려웠을 것이다. 또 안중근 의사가 다만 조선이라는 나라의 이익을 위해 일본의 총리를 저격한 것이었다면 그는 테러리스트일 뿐, 일본인들까지 감동시키는 의사로 기억되지 못했을 것이다.

그런데 맹자의 이 물음이 꼭 훌륭한 결과만 가져온 것은 아니었다. 우리나라와 중국의 역사를 보면 현실적인 이익을 무시하고 도덕적 명분만을 좇다가 큰일을 그르친 경우도 있었다. 임진왜란 때 함께 싸워준 명나라에게 의리를 지켜야 한다면서 사실상 당시 세계 최강의 나라였던 청나라와 적대했던 인조 시대가 대표적인 경우다. 또 왕실의 어른이 서거했을 때 어떤 방식으로 예우하는 것이 예법에 맞느냐를 놓고 다투다가 거대한 이념 전쟁으로 번졌던 예송논쟁이나 도의논쟁 때문에 정치가 혼란에 빠졌던 경우도 그렇다.

그러나 이런 경우에 대한 책임을 맹자에게 묻기는 어렵다. 사실 맹자가 '인의'를 '이익'과 대비시킨 것은 이상적인 도의를 추구하고 현실은 무시하라는 것이 아니었다. 맹자의 질문은 크게 두 부분으로 이루어져 있다. 하나는 "왕께서는" 그리고 다른 한 부분은 "이익을 말씀하십니까?"이다. 여기서 '왕께서는'이라는 부분에 주목하자. 맹자는 결코 '이익' 그 자체를 부정하지 않았다.

앞에서 말했지만 중국의 문화는 현실적이어서 현실에서의 성공적인 삶을 중요시한다. 맹자 역시 "일정한 생산이 있은 다음에야 굳건한 마음이 생긴다.有恒産有恒心"라고 하여 경제적 후생복리를 중요시하였다. 다만 맹자가 문제 삼은 것은 하필 '왕께서' '이익'을 말한 것이다. 왕은 생산계급이 아니기 때문에 왕이 자신의 이익을 추구한다면, 이는 세금을 더 걷고 정복 전쟁을 벌이는 등의 일이 될 것이다. 당연히 이는 백성의 삶을 피폐하게 만들 것이다.

맹자가 요구하는 것은 이익 대신 도덕 명분을 좇으라는 것이 아니다. 이익을 좇는 일은 생산계급이 할 일이며, 왕은 자신의 이익이 아니라 백성의 이익을 보살피라는 것이다. 애당초 맹자가 말한 인과 의는 추상적이고 고답적인 도덕 가치가 아니다. 인의란 결국 백성을 아끼고, 백성의 삶을 헤아려 보살피고, 매사에 공평무사하게 통치하는 것이다.

정도전을 거쳐 아직도 유효한 맹자의 질문

다시 정도전으로 돌아오자. 우리는 때때로 정도전 같은 개혁가가 철두철미한 유교 지식인이라는 사실에 놀란다. 우리에게 알려진 유교는 고리타분한 예송논쟁이나 도의논쟁을 일삼는, 그리고 철저하게 신분제 사회질서를 옹호하는 비실용적이고 권위적인 학문이기 때문이다. 그러나 맹자의 질문을 다시 생각해 본다면, 그리고 우리가 유교라고 부르는 사상이 공자의 여러 계승자 중 특히 맹자의 사상에서 주로 비롯된 것이라는 점을 생각해 보면, 정도전 같은 개혁가가 유교적 전통에서 등장하는 것이 전혀 이상한 일이 아니다.

정도전은 이렇게 주장한다.

고려 왕실은 백성들의 삶을 제대로 보살피지 못했다.

백성들은 고려왕이 아니라 이성계를 믿고 따르고 있다.

그렇다면 이미 하늘이 고려왕을 해임하고 이성계를 선택한 것이나 다름없는 것이다.

이미 하늘이 고려왕을 해임했기 때문에 더 이상 그는 충성의 대상이 아니다.

따라서 고려왕을 몰아내는 것은 역모가 아니며, 하늘이 임명한 이성계가 왕이 되는 것을 반대하는 것이 곧 하늘의 뜻을 거스르는 역모다.

맹자의 말 그대로다. 그런데 만약 이성계가 왜구를 무찌르면서 얻게 된 막대한 군사력과 백성들의 지지를 자신의 부와 명예를 누리는 데 사용하고 도탄에 빠진 백성들의 삶을 보살피는 일에 무관심했다면 어떨까? 정도전은 분명 이렇게 말했을 것이다.

"장군께서는 어찌하여 이익을 말씀하십니까? 오직 인과 의가 있을 뿐입니다."

어디 정도전뿐이겠는가? 오늘날에도 우리는 위정자들에게, 그리고 우리 사회에서 책임 있는 위치에 있는 사람들에게 물어볼 수 있다.

"선생께서는 어찌하여 이익을 말씀하십니까? 오직 인과 의가 있을 뿐입니다."

그리고 이렇게 덧붙일 수 있다.

"오직 국민의 삶을 생각하십시오."

세 번째 물음:
내가 알고 있는 것이
진리라고 어떻게
확신할 수 있는가

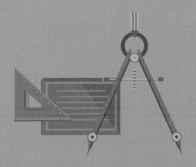

근대 유럽인들, 지식의 확실성을 의심하다

수학은 세계 어느 나라를 막론하고 학생들이 가장 싫어하는 과목 중 하나다. 그런데 세계 어느 나라나 시간표에서 가장 많은 자리를 차지하는 과목 역시 수학이다. 수학은 각종 시험에서도 가장 중요한 비중을 차지한다. 고입, 대입, 심지어는 국제학업성취도 평가에서도 수학은 핵심 과목이다. 오죽하면 미국의 오바마 대통령이 미국 학생들은 아시아 학생처럼 수학 공부를 열심히 안 한다고 걱정했을까? 도대체 수학이 뭐기에, 학생들에게 그토록 강조하는 것일까?

그런데 수학이 언제나 중요한 위치에 있었던 것은 아니다. 400년 전만해도 유럽 학생들은 수학이 아니라 라틴어, 신학 때문에 쩔쩔매야 했다. 우리나라나 중국 학생들은 아예 수학 같은 것을 학문으로 치지도 않았다.

그런데 약 400년 전, 유럽은 르네상스라는 큰 변화를 경험하였다. 이 시기에 중세 1,000년을 지배했던 교회의 권위가 땅에 떨어졌고 생각의 자유가 확대되었다. 그 결과 과거에는 금기시되던 자연에 대한 본격적인 탐구가 가능해졌고 과거에는 신이나 악마의 행위라고 여겨졌던 자연의 신비가 하나하나 밝혀졌다. 나아가 자연의 힘을 이용할 수 있게 됨으로써 사람들은 점점 자신감을 갖게 되었다.

항해술의 발달로 수평선 너머에는 괴물이 아니라 또 다른 나라와 사람들이 살고 있다는 것을 알게 되었다. 무역을 통해 더욱 풍족한 삶을 누릴 수 있다는 것도 알게 되었다. 인쇄술이 발달하면서 지식이란 일부 특권층의 전유물이 아니라 글자만 읽을 수 있으면 누구나 누릴 수 있는 것이 되었다. 이로써 사람들은 신비롭고 두려운 대상을 줄여 나갔고 점점 더 많은 것을 알게 되었다. 그런데 새롭게 알게 된 사실이 많아질수록 새로운 의문도 함께 생겼다.

"내가 알고 있는 것이 진리라고 어떻게 확신할 수 있는가?"

많은 것을 알게 된 만큼 어떤 것이 참된 지식인지 가려내기가 어려워진 것이다. 중세에는 이런 고민이 필요 없었다. 중세 내내 교회는 '앎'의 원천을 '신의 은총'으로 보았고, 신의 은총에 의해 작성된 문서인 성경에 절대적인 권위를 부여하였다. 그런데 이제 앎의 원천으로 '신의 은총'을 진지하게 생각하는 사람은 많지 않았다. 하지만 신의 계시를 쏙 빼고 상상도 못 했던 것들을 알게 되고 할 수 있게 되니 오히려 더 불안해졌다. 사람은 과연 이성理性만으로 확실한 지식을 얻을 수 있을까?

오늘날의 관점에서는 우습기까지 한 고민이지만, 16~17세기 유럽인들에게 이는 매우 심각한 고민이었다. 어떤 새로운 정보가 사실인지, 혹은 올바른 것인지 확인하기 위해서는 절대로 틀릴 수 없는, 그리하여 다른 것을 판단하는 기준이 되는 확실한 지식이나 정보가 필요했다. 이렇게 확실한 지식을 **대전제**라고 한다. 중세까지만 해도 교회가 그 역할을 했다. 성경, 교리, 그리고 성직자들이 계시를 통해 들었다고 주장하는 신의 말씀은 누구도 부정할 수 없는 절대 진리였고, 다른 지식이나 정보들은 이것을 기준으로 진위와 그 가치를 평가받았던 것이다. 중세 내내 철학자들이 신의 존재를 증명하는 일에 매달린 것이 바로 그 때문이다. 신은 다른 모든 지식의 대전제였다.

하지만 르네상스 이후 사람들은 '신의 말씀', '신의 계시'라는 말만으로 어떤 지식이나 정보를 믿을 만큼 순진하지 않았다. 신의 말씀이나 계시 대신 보다 분명하고 확실한 지식의 근거, 대전제가 필요하게 되었다. 신의 계시조차 믿을 수 없는 상황에서 인간은 어떻게 지식을 얻을 수 있는가? 누구도 부정할 수 없는 확실한 지식의 근거, 절대적인 진리는 무엇인가? 우리는 그것을 어떻게 얻을 수 있는가?

인간, 제1원리를 묻다

프랑스의 철학자이자 수학자인 르네 데카르트René Descartes 1596~1650는 이 심각한 질문에 대해 가장 명확한 답을 함으로써 근대의 지식관을 튼튼한 토대 위에 세우는 데 성공하였다. 데카르트가 어떻게 이 까다로운 문제를 해결했는지 잠시 따라가 보자.

인간이 진리를 확실하게 인식할 수 있는 유일한 방법은 명증적 직관과
필연적 연역뿐이다.

이것이 데카르트의 출발점이 되는 명제다. 여기서 **명증적 직관**이란 이렇게 저렇게 따질 것 없이 한눈에 진리일 수밖에 없는 것, 그야말로 척 보면 바로 진리인 것을 알 수 있는 것이다. 이렇게 명증적 직관을 통해 알

르네 데카르트.

아낸 진리를 **공리**公理라고 한다. 예를 들면 '생물은 죽는다.' '삼각형의 변은 세 개이다.' '서로 평행한 두 직선 사이의 거리는 어느 지점에서나 똑같다.' 따위의 명제가 공리다. 생물은 죽는다는 것을 증명하기 위해 주변의 생물들을 실제로 죽여 볼 필요는 없으며, 삼각형의 변이 정말 세 개인지 알아보기 위해 삼각형의 변을 일일이 세어 볼 필요도 없다.

　　필연적 연역이란 이렇게 틀림없이 옳은 공리들을 이용하여 다른 명제들을 합리적으로 추론하고 증명하는 것이다. 예를 들면 '김갑돌은 죽는다.'라는 명제를 증명하기 위해 실제로 김갑돌을 죽일 필요는 없다. 김갑돌은 사람이며 사람은 생물이다. 김갑돌이 생물이며 모든 생물은 죽는다는 것은 의심의 여지없는 공리이기 때문에 '김갑돌은 죽는다.'라는 명제는 참이다. 이러한 증명 과정은 실제로 해 보지 않고도 오직 논리를 통해서 가능하며 이는 오직 이성만을 사용하는 과정이다.

그런데 여러 학문 가운데 오직 명증적 직관과 필연적 연역의 과정만으로 이루어진 학문이 있다. 즉 감각기관을 전혀 사용하지 않고 오직 이성만을 사용하는 학문인데, 그것이 바로 **수학**이다. 수학은 경험에 의존하지 않는다. 수학은 어떤 명제가 참인지 거짓인지 직접 실험이나 조사를 통해 증명하지 않는다. 수학의 논증 절차는 이렇다.

- 증명하고자 하는 명제를 변인과 변인의 관계로 정확히 진술한다.
  p이면 q다. p → q

- q와 관련된 절대로 옳을 수밖에 없는 명제, 즉 공리들을 진술한다.
  혹은 q와 관련되어 이미 증명이 끝난 명제들, 즉 정리들을 진술한다.
  o면 q다. o → q

- p가 o에 포함됨을 증명한다.
  p〈o

- o → q인데, p〈o이기 때문에 당연히 p → q일 수밖에 없다.

예를 들어 보자. 우리는 삼각형이 세 각으로 이루어진 도형임을 알고 있다. 삼각형의 변이 세 개라는 것은 직관적으로 옳을 수밖에 없는 공리다. 굳이 각들을 세어 볼 필요도 없다. 또 우리는 직선의 각도는 180도라는 것을 각도의 정의를 통해 알고 있다. 직선의 각도가 180도라는 것 역시 각도기를 들이댈 필요가 없다. 그래서 이 두 공리를 가지고 삼각형의 합이 180도임을 알게 된다.

이렇게 수학은 오직 이성만을 사용하여 의심의 여지가 없는 진리를 밝혀내는 학문이다. 따라서 수학적 진리가 의심받는다면 인간은 어떤 명석clear하고 판명distinct한 앎에도 이르지 못할 것이다. **명석함이란 어떤 개념이 의문의 여지가 없는 것을 말한다. 판명함이란 어떤 개념이 애매모호하지 않고 의미하는 바가 분명함을 말한다.** 그런데 수학의 확실성은 오직 이성의 확실성에 의존한다. 따라서 "인간은 명석, 판명한 지식을 얻을 수 있는가?"라는 물음은 "사람은 정말 이성을 가진 존재인가?"라는 물음으로 옮겨 가게 된다.

이것이 바로 근대 유럽인들을 그리고 데카르트를 곤혹스럽게 만든 질문이었다. 이 질문에 확실하게 "그렇다."라고 대답할 수 없다면 신이나 초자연적인 존재를 배제한 상태에서 진리를 얻을 수 있다는 인간의 믿음도 헛된 것이기 때문이다. 그리고 그렇게 되면 중세적 세계관을 벗어날 수 없고, 근대 과학혁명이라는 사건 역시 일어나지 않을 것이다.

데카르트는 바로 이 물음에 확신을 가지고 "그렇다."라고 답함으로써 중세 철학에서 탈피하였고, 근대 철학의 창시자가 되었다. 데카르트가 어떻게 이 물음에 답했는지 다시 따라가 보자.

수학에서의 논리적인 추론이 명확한 지식을 얻는 가장 확실한 방법이라는 데는 데카르트뿐 아니라 누구라도 동의할 것이다. 그런데 이 추론 과정은 이미 참으로 확인된 다른 명제를 통해 어떤 명제를 증명하는 과정의 연속이다. 즉 공리나 이미 참인 것으로 증명이 끝난 정리들이 참·거짓을 가르는 근거가 되는 것이다. 이 과정을 거슬러 올라가기를 거듭하면 다른 명제로부터 논증되지 않아도 스스로 명백한, 그리하여 다른 모든 명제의 참을 보증하는 최초의 진리가 있어야 한다. 데카르트는 이를 **제1원리**Le premier principe라고 불렀다. 따라서 "내가 알고 있는 것이 진리라고 어떻게 확신할 수 있는가?"라는, 곤혹스러운 물음에 답하려면 "그렇다."라고 답할 뿐 아니라 다른 모든 진리의 근거가 되어 줄 수 있으며, 그 자체로 증명이 필요 없이 명백하게 참인 제1원리가 무엇인지 제시해야 하는 것이다.

데카르트의 까칠한 의심

데카르트는 이 어려운 과제를 어떻게 해결했을까? 이를 위해 데카르트는 우선 **방법론적 의심**이라는 일종의 사유실험을 한다. '의심' 앞에 '방법론적'이란 말이 붙은 까닭은 정말로 의심하는 것이 아니라 스스로 명백한 명제를 찾기 위한 방법으로서의 의심이기 때문이다.

　방법론적 의심은 확실하다고 알려진 지식들이라 할지라도, 조금이라도 의심의 여지가 있다면 진리가 아닌 것으로 판단하여 하나하나 지워 나가는 것이다. 이렇게 하나하나 지워 나가다 절대로 지울 수 없는 최후의 하나가 남을 것이다. 그것이 바로 제1원리인 것이다. 그리고 이렇게 더 이상 의심할 수 없는 명백한 진리를 확보하면 이것을 근거로 추론을 거듭하면서 다른 명제들을 증명하는 식으로 우리는 결국 진리에 도달하는 것이다.

이제 데카르트의 까칠한 의심이 시작되었다. 데카르트는 먼저 인간의 감각으로부터 얻은 지식들을 의심하기로 했다. 그렇게 되면 우리가 알고 있는 대부분의 지식이 의심의 대상이 된다. 인간이 알고 있는 것들 중 대부분은 감각기관을 통해 지각한 것들, 즉 보고 듣고 느끼고 맛봄으로써 알게 된 것들이기 때문이다.

사실 인간의 감각기관은 의심받아도 싸다. 우리의 감각기관은 주인을 종종 속이기 때문이다. 눈의 착각이 없었다면 마술쇼는 불가능할 것이며, 인상파 회화는 물감 무더기로 보일 것이다.

감각기관이 아무리 우리를 속인다 하더라도 의심하기 어려운 것들이 있다. 그것은 일정한 공간을 차지하고 있다는 연장extension, 그리고 일정한 양으로 셀 수 있다는 수량quantity과 같은 사물의 본질적인 속성들이다. 예컨대 배가 아주 고픈 상태라면 탁구공을 딸기로 착각할 수 있다. 혹은 농구공을 수박으로 착각할 수도 있다. 채플린 영화 〈황금광 시대The Gold Rush〉1925처럼 친구를 칠면조로 착각할 수도 있다. 하지만 아무리 그렇다 하더라도 탁구공과 농구공이 일정한 공간을 차지하고 있고연장, 일정한 하나, 둘 따위의 개수수량를 이루고 있다는 점은 분명하다.

이때 연장을 다루는 학문이 기하학이며, 수량을 다루는 학문이 수학이다. 통상 기하학과 수학을 따로 구별하지 않으니 '수학'이라고 부르도록 하자. 즉 수학이 다루는 대상은 감각기관이 속일 수 없는 것들이다. 하지만 데카르트는 이 굳건한 수학의 원리조차 의심해 보기로 했다. 혹시 짓궂은 악마가 있어서 존재하지 않는 것을 있는 것처럼 속이고 두 개를 세 개로 보이게 하는 따위의 장난질을 친다면 어떻게 될까 의심한 것

클로드 모네, 〈인상, 해돋이Impression, Sunrise〉. 눈의 착각이 없다면 이 그림은
물감 무더기로 보일 것이다.

이다. 실제로는 탁구공이고 딸기고 아무것도 없는데 마치 뭔가 있는 것
처럼 생각하게 만들었다면? 그리고 탁구공이 수십 개나 되는데 하나밖
에 없는 것처럼 생각하게 만들었다면? 그렇다면 이 역시 의심할 수밖에
없다. 큰일이다. 이제 수학적 지식조차 확실한 진리라고 장담하기 어렵게
되었다. 이것이 데카르트의 두 번째 회의다.

　수학마저 확실한 진리를 장담하기 어렵다면 감각기관을 사용해야만
하는 다른 학문들은 두말할 나위도 없다. 이렇게 답답해지는 순간 데카
르트에게 이런 생각이 스치고 지나갔다.

　'지금 내가 무엇을 하고 있는 거지?'

이렇게 대답할 수밖에 없다.

'나는 지금 의심하고 있다.'

당연한 사실이다. 아무리 세상 모든 것을 다 의심하더라도 데카르트 자신이 의심하고 있다는 사실만큼은 절대 의심할 수 없는 사실이다. 심지어 의심하고 있다는 사실을 의심하더라도 이 사실은 바뀌지 않는다. 그런데 의심한다는 것은 생각하는 것의 일종이다. 세상 모든 것을 의심하고 있는 데카르트는 생각하고 있는 것이다. 생각이라는 것은 반드시 생각하는 주체를 필요로 한다. 따라서 생각하고 있다는 것은 생각하는 사람이 존재한다는 뜻이다. 그리고 그것은 '나'일 수밖에 없다. 바로 여기서 그 유명한 명제가 등장한다.

나는 생각한다. 그러므로 나는 존재한다.Cogito Ergo Sum.

드디어 그토록 애타게 찾던 첫 번째 공리, 제1원리가 나왔다. 이제 여기서부터 추론을 시작하면 된다. 일단 '나는 존재한다.'가 확인되었다. 따라서 나와 관련된 것들 역시 존재할 수 있다. 그런데 감각기관은 주인을 속이기 때문에 나와 관련된 것들 중 감각기관에 속지 않는 것들은 모두 존재할 수 있다. 즉 사유cogitatio는 항상 존재한다. 명석하고 판명한 앎에 이르는 방법은 신이나 초자연적인 힘이 아니라 인간의 힘으로 도달 가능하고, 그 힘은 바로 사유에 있는 것이다. 그리고 이렇게 부정할 수 없는 사유가 하는 일이기 때문에 사유에 다른 것이 섞이지 않은 수학적 지식은 믿어도 되는 것들이다. 이로써 수학의 확실성이 긍정되었다.

그래서 '나는 생각한다. 그러므로 나는 존재한다.'라는 이 한 줄의 명제가 중요하다. 이것으로 유럽인들은 신으로부터 출발한^{객관적 근거가 없는} 주장을 신앙으로 강요하는 중세적 스콜라 철학에 대항할 힘을 갖게 되었다. 신이 모든 진리의 근원이 아니라 '생각하는 나', 즉 '인간의 의식'이 모든 진리의 근원이 된 것이다. 물론 여기서 말하는 **인간의 의식은 직관과 연역하는 의식, 즉 이성이다.** 심지어 신조차 이성에 의해 존재가 증명되었다. 데카르트는 다음과 같이 신의 존재를 증명한다.

우리 머릿속에 들어 있는 생각들 중에는 감각을 통하여 얻어지는 외래관념idea adventitiae과, 우리 스스로 꾸며서 만들어 내는 인위관념factitious idea, 우리가 본래부터 가지고 있는 본유관념innate idea이 있다. 본유관념은 감각의 도움을 필요로 하지 않고 마음에 명석하고도 판명하게 떠오르는 관념이다. 사람들은 신의 관념을 가지고 있다. 그런데 누구도 신을 본 적이 없기 때문에 이는 본유관념이다.

태어날 때부터 이렇게 신의 관념을 가지고 있다면, 이는 우리 감각기관이 작동하기 이전에 이 관념을 심어 준 존재가 있다는 뜻이다. 따라서 신은 존재한다.

또 다른 증명도 있다.

신은 완전하고, 인간은 불완전하다.
불완전한 존재인 내가 사유를 통해서 완전한 존재를 생각해 낼 수는 없다.

그런데 나에게는 신에 대한 관념이 있다. 따라서 이 관념을 우리에게 넣어 준 신의 존재를 인정하지 않을 수 없다.

이와 같이 데카르트는 신을 포함해, 이 세계의 모든 존재를 오직 정신 속의 순수 사유를 통해서만 증명할 수 있다고 주장하였다. 이제 신앙, 은총, 계시가 아니라 이성이 진리의 주인공이 되었다. 이는 자연스럽게 평등사상의 기반이 되었다. 은총이나 계시는 특별한 사람에게 내려지는 신의 선물이지만, 이성은 모든 인간에게 보편적으로 주어지는 본성이기 때문에 진리를 주관하는 특별한 계층은 존재할 수 없다. 모든 인간은 진리에 도달할 수 있는 평등한 능력과 가능성을 가지고 있다.

기계론 그리고 수학적 세계

이제 사람들은 누구나 올바르게 사유할 수 있는 방법^{논리학과 수학}만 익히면 특별한 은총이나 계시 없이도 진리를 획득할 수 있게 되었다. 그렇다면 특별한 은총과 계시에 근거하여 진리에 대한 독점권을 주장하던 성직자들의 권위는 어떻게 될 것인가? 그리고 이 성직자와 교회를 수호한다는 이유로 강력한 권력을 정당화하던 왕이나 제후들의 권위는 또 어떻게 될 것인가? 당연히 아무 근거 없는 것으로 부정될 수밖에 없다. 이로써 세상의 모든 것을 수치화하여 논리적으로 분석하는 근대적 사고방식이 신학을 기반으로 하는 중세적 사고방식에 대해 최종적으로 승리했다.

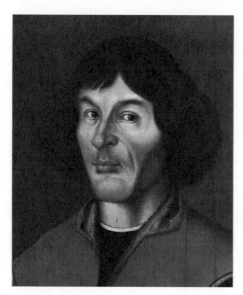

니콜라우스 코페르니쿠스.

　사실 따지고 보면 수학적 법칙을 통해 자연현상을 설명하려는 시도
는 데카르트가 처음이 아니었다. 예컨대 데카르트보다 한참 전의 사람
인 코페르니쿠스Nicolaus Copernicus 1473~1543가 그렇다. 하지만 코페르니쿠스는
온전한 의미의 근대적 학문을 하지 않았다. 우리는 흔히 코페르니쿠스
가 태양이 지구의 둘레를 돈다는 교회의 가르침을 거부하고 지구가 태
양의 둘레를 돈다고 주장함으로써 세계관과 진리관의 일대 전환을 가져
왔다고 알고 있다. 그러나 실제로 코페르니쿠스는 철저히 신학에 기반을
둔 인물이었다.

　그가 지동설을 주장한 까닭은 지구가 고정되어 있고 태양과 다른 행
성들이 지구 둘레를 돈다고 가정했을 경우 천체 관측 결과를 설명하는

것이 너무 복잡하고 지저분했기 때문이다. 코페르니쿠스가 생각하기에 전지전능한 존재인 신이 창조한 우주라면 이보다 훨씬 간결하고 명확한 법칙에 의해 움직여야 했다. 그런데 지구가 태양의 둘레를 돈다고 가정하면 천체 관측 결과를 매우 간결한 수학 공식으로 설명할 수 있다는 것을 알아냈다.

흔히 성직자들의 방해 때문에 코페르니쿠스가 많은 박해를 받은 것처럼 알려져 있지만, 실제로 코페르니쿠스의 지동설은 수학에 관심이 많은 성직자들 사이에 꽤 많은 지지를 받았던 학설이다. 심지어 코페르니쿠스 자신이 대주교의 지위까지 오른 성직자였고, 1543년 죽을 때까지 고위 성직자로서 교회법의 권위자이자 충실한 기독교인으로 살았다. 사실 그의 저서가 로마 교회로부터 금서로 지정된 것은 그가 사망한 지 수십 년이 지난 다음의 일이다.

한편 티코 브라헤Tycho Brahe 1546~1601가 남긴 꼼꼼한 천문 관찰 기록을 바탕으로 행성의 운동 법칙과 궤도를 알아내고자 했던 케플러Johannes Kepler 1571~1630의 방법 역시 수학이었다. 그리고 관성의 법칙 등 여러 가지 중요한 물리학 법칙을 발견한 갈릴레이Galileo Galilei 1564~1642의 방법 역시 수학이었다. 이들은 모두 자신이 관찰한 결과가 무작위로 발생하는 것이 아니라 일정한 패턴과 법칙을 따르고 있으며, 이는 수학적 방법을 통해 계산해 낼 수 있고, 이렇게 계산을 통해 확정 지은 공식은 아무리 직관이나 상식에 어긋나더라도 진리라는 신념을 가지고 있었다. 하지만 이들은 번번이 중세적 사유, 스콜라 철학의 강력한 저항에 부딪쳐야 했다. 비록 수학이 발달하고 이를 활용한 연구들이 나오기는 했지만, 지식인들의 사유 체계를 지배하던 철학은 여전히 중세 스콜라 철학이었던 것이다.

하지만 데카르트는 자연에서 영혼이니 신비니 하는 것들을 제거하면서 중세적 자연관을 완전히 밀어내 버렸다. 데카르트에게 자연이란 물리법칙에 따라 움직이는 일종의 기계였다. 그리고 데카르트는 자연 이외의 세계를 인정하지 않았다. 따라서 이 세상은 여러 물체로 이루어진 기계다. 이를 흔히 **기계적 세계관**이라고 부른다. 데카르트에 따르면 자연은 눈에 보이지 않는 미세한 물질로 이루어져 있으며, 자연현상이란 이런 미세한 물질들의 운동에 의해 일어난다. 따라서 세상의 모든 현상은 이 물질의 운동 법칙, 즉 물리법칙을 통해 설명할 수 있다.

심지어 데카르트는 생물과 무생물 간의 차이도 크게 보지 않았다. 생명현상이라고 부르는 것 역시 생물을 이루고 있는 작은 입자들의 운동으로 인해 발생한 것에 불과하다. 그는 이렇게 자연에서 영혼을 제거하여 중세적 자연관을 밀어내고 기계적 세계관을 정당화했다. 이제 영혼이나 신비가 사라진 자연은 인간에게 더 이상 두렵고 알 수 없는 존재가 아니다.

자연이 작은 입자, 물질들의 운동이라면 이제 이 운동의 법칙을 알아내기만 하면 된다. 그러면 자연의 모든 현상의 원인과 결과, 그리고 미래까지 알 수 있는 것이다. 당연한 귀결이지만 이 법칙은 수학적으로 표시할 수 있다. 오늘날 우리는 수학 공식 형태로 존재하는 과학 법칙을 당연하게 생각한다. 칠판 가득히 복잡한 수학 공식을 썼다 지웠다 하며 고민하는 과학자의 이미지 역시 익숙하다. 하지만 데카르트 이전에는 결코 당연한 것이 아니었다.

데카르트는 자연의 법칙이 수학적으로 표시되어야 한다고 주장만 한 것이 아니다. 실제로 많은 자연법칙을 설명하기 쉬운 형태로 다듬어서 새로운 수학적 방법으로 창안해 냈다. 예를 들면 자연에서 물질의 운동을 수학 법칙으로 표시하려면 그 물질의 위치를 수학적으로 표시할 수 있어야 한다. 데카르트는 좌표라는 방법을 개발함으로써 물질의 운동을 좌표상의 숫자 변화로 표시하고 이를 방정식으로 표시할 수 있게 하였다. 이렇게 물질의 운동을 좌표상의 직선이나 곡선으로 표시하고 이를 다시 방정식의 형태로 계산하는 것을 **해석기하학**이라고 한다. 해석기하학이 등장함으로써 과학과 수학의 만남이 가능해졌다. 해석기하학의 창시 외에도 데카르트가 남긴 수학적 업적은 무수히 많다. 그리고 이 업적들은 대부분 수학을 위한 수학이 아니라 자연의 법칙을 수학적으로 표시하기 위한 도구들로 개발한 것이다. 몇 가지만 소개하겠다.

우리는 흔히 방정식이라고 하면 미지수 X를 구하는 수식을 생각한다. 바로 이 X를 사용하는 방정식이 데카르트가 고안한 방법이다. 제곱이나 거듭제곱을 표시하는 지수 역시 데카르트가 고안한 방법이다. 덕분에 우리는 $K \times K \times K \times K$라고 지루하게 쓰는 대신 K^4라고 간단하게 표시할 수 있게 되었다.

자연현상은 무작위로 일어나는 것이 아니라 일정한 패턴과 법칙을 따르고 있다. 그 법칙은 오직 수학적으로만 표시될 수 있다는 믿음, 거꾸로 수학이라는 도구로 인간은 이 세상의 모든 법칙을 밝혀낼 수 있다는 믿음은 이후 과학혁명의 원동력이 되었다.

수학 법칙으로 자연의 보편적인 진리를 밝히려던 데카르트의 꿈을 실현시킨 인물은 다름 아닌 아이작 뉴턴Sir Isaac Newton 1642~1727이었다. 뉴턴의 물리학을 잠깐 살펴보면 데카르트가 창안한 방법의 위력을 실감할 수 있다.

먼저 유명한 만유인력의 법칙이다. 이것을 우리가 흔히 알고 있는 대로, '모든 물질은 서로를 끌어당기며, 무거운 물질일수록 끌어당기는 힘이 크다.' 정도로 서술하면 이 이상 어떤 정보도 예측이 불가능하다. 하지만 뉴턴 물리학의 힘은 단지 이런 말에 있는 것이 아니라 다음과 같은 수식으로 표현되었다는 데 있다.

$$F = G\frac{m_1 m_2}{r^2}$$

이 수식을 통해 우리는 두 물체의 질량m_1, m_2과 두 물체 사이의 거리r만 알면 두 물체가 서로 끌어당기는 힘의 크기를 정확하게 알 수 있다. 그냥 끌어당긴다는 것만 아는 것이 아니라 어느 정도의 강도로 끌어당기는지 알 수 있으며, 두 물체의 질량이나 서로 간의 거리가 바뀌면 끌어당기는 힘도 어떻게 달라지는지 예측할 수 있다.

한편 데카르트가 초월적이거나 신비스러운 요소를 완전히 몰아낸 것은 아니었다. 그에게는 단 하나 물질의 운동으로 설명되지 않는 것이 남아 있었다. 그것은 바로 물질의 운동을 인식하는, 즉 수학적으로 추론하는 주체, 인간의 이성이었다. 앞에서 살펴본 바와 같이 데카르트는 감각, 즉 물질적 존재인 인간의 신체가 진리 인식의 근거가 될 수 없다고 했다. 감각은 주관적이며 자주 착각을 일으키기 때문이다. 그래서 감각을 거치지 않고 반박 불가능한 법칙을 제시할 수 있는 수학이야말로 진리의 보증

수표라고 했던 것이다. 하지만 수학이 진리의 보증수표라는 근거를 찾기 위해 데카르트는 방법론적 회의를 시작했고, 그 결과 **생각하는 나**의 분명한 존재를 찾았다.

그렇다면 이 '생각하는 나'는 신체 기관에 속한 존재일 수 없다. 그렇게 되면 이 역시 감각기관처럼 착각을 일으킬 것이기 때문이다. 이 '생각하는 나'는 신체 기관에 속하지 않은 또 다른 실체다. 그리고 나의 존재는 생각에서 근거를 찾기 때문에 결국 나는 움직이고 살아 숨 쉬는 신체가 아니라 생각하는 주체, 즉 의식이다. 나의 신체는 다만 이 의식이 깃들어 있는 물질에 불과하다. 다르게 비유하면, 의식이라는 소프트웨어야말로 나 자신이며, 신체라는 하드웨어는 내가 머무는 공간에 불과하다.

여기에서 데카르트의 **이원론**이 등장한다. 이원론은 이 세상이 정신적인 것과 물질적인 것이라는 두 종류의 실체로 이루어져 있다고 보는 관점이다. 이때 정신의식은 앎의 주체이며, 물질사람의 신체까지 포함하여은 앎의 대상이다. 또 정신은 물질에 대해 알게 된 지식을 바탕으로 물질을 조작하고 다룰 수 있다. 그런데 이 정신은 오직 인간과 신만이 가지고 있다. 그런데 신은 신체가 없기 때문에 이 세계와 직접 교섭할 수 없다. 따라서 세계를 인식하고 세계를 다룰 수 있는 유일한 존재는 바로 인간이며, 더 나아가 인간의 정신·의식·영혼이다.

데카르트의 물음이 근대사회를 이루는 데 가장 크게 기여한 것은 바로 **개인주의**의 길을 열었다는 것이다. 서양의 근대는 공동체, 전통, 장원, 국가 등 어떤 공동체에 속박된 인간을 떼어 내어 스스로 판단하고 생동하는 개인이라는 주체를 세움으로써 형성되었다. 이렇게 개인이 주체가 됨으로써 공동체는 다만 이 주체들 간의 합의에 의해 형성된 것이라는 **사회계약론**이 등장할 수 있었고, 그로부터 오늘날의 민주정치가 싹튼 것이다.

그런데 데카르트는 다른 권위나 힘의 강제도 받지 않고 스스로 자신의 이성을 사용하는 개인이 앎의 주체임을 분명히 했다. '나는 존재한다.'의 증명이 바로 제1원리라고 선언한 순간, 이 세상의 모든 존재와 진리를 참된 것으로 만들어 주는 근거는 바로 '나'인 것이다. 그런데 '나는 생각한다. 그러므로 나는 존재한다.'라는 말은 거꾸로 '생각하고 있지 않다면 나의 존재를 확신할 수 없다.'가 된다. 즉 나를 세계를 인식하고 다루는 주체로 만들어 주는 것은 다름 아닌 생각, 즉 이성인 것이다. 따라서 주체로서 개인은 바로 자율적으로 이성을 사용할 능력을 가진 존재에 한한다.

"내가 알고 있는 것이 확실한 진리라고 어떻게 확신하는가?"라는 물음에 대해 "내가 그렇게 의심하고 있다는 것, 따라서 내가 존재하고 있다는 것은 확신할 수밖에 없다."라고 대답했던 **데카르트는 근대 서양 문명의 뿌리가 되는 이성주의와 개인주의를 일궈 냈다.** 그런 점에서 데카르트는 **근대의 아버지**라 불려도 된다. 근대 문명이 데카르트의 영향을 얼마나 많이 받았는가 하는 것은, 데카르트가 그토록 사랑하고 중요시했던 수학이라는 학문이 가장 중요한 위치를 차지하고 있는 우리의 학교 시간표를 통해 확인할 수 있다.

게으른 천재 데카르트

모든 것을 철저히 의심하여 근대적 세계관의 토대를 닦은 위대한 데카르트라면 대단히 성실하고 근면한 학자였을 것이라 생각하겠지만, 사실은 엄청난 게으름뱅이였다. 그는 하루에 최소 10시간 이상 잠을 잤으며 아침 10시가 넘어야 일어났다. 잠에서 깨어나도 바로 활동하는 것이 아니라 두어 시간 침대에서 뒹굴었는데, 실제로 그가 수학, 과학, 철학의 중요한 아이디어를 생각한 시간은 이 두어 시간이 전부였다.

하루는 데카르트가 잠에서 깨어 일어나지 않고 드러누운 채 천장만 바라보고 있었는데, 하필 파리 한 마리가 앵앵거리며 천장을 돌아다니고 있었다. 이를 보며 데카르트는 파리의 현재 위치를 표시하는 방법이 없을까 고민했다. 그러다가 세 개의 벽면이 교차하는 방구석 모서리를 원점으로 하고 천장의 가로, 세로를 X, Y로 그리고 방바닥에서

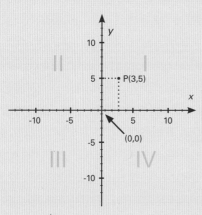

천장까지의 선을 Z로 표시한 뒤 이 세 축을 기준으로 파리의 위치를 표시했다. 수학을 배운 사람이면 짐작하겠지만, 근대 수학의 가장 중요한 도구인 좌표와 함수는 이렇게 데카르트의 게으름 덕분에 탄생했다.

네 번째 물음:
문명이 발전할수록 인간은
더 훌륭해지는 것일까

계몽사상의 시대에 돌직구를 던진 루소

스위스 제네바 출신의 한 불우한 지식인이 있었다. 그의 이름은 장 자크 루소Jean Jacques Rousseau 1712~1778. 그는 더 이상 젊다고는 볼 수 없는 나이였지만, 그럼에도 어떤 확실한 미래도 보장받지 못한 처지였다.

그는 한때 음악가로 성공하기 위해 많은 노력을 기울였지만 눈에 띄는 작품을 남기지 못했고 철학자로 이름을 얻기 위해 백과전서파라 불리던 당대의 계몽철학자들과 교유했지만 이렇다 할 족적을 남기지 못한 채 어느새 마흔을 바라보는 나이에 이르고 말았다. 오늘날에야 서양철학을 조금이라도 아는 사람이라면 장 자크 루소를 모르는 사람이 없지만, 그때까지는 처량한 신세였다. 어쨌든 그는 당시 유행하고 있던 계몽주의 그

장 자크 루소.

룹의 일원이 되었다. 특히 백과전서파의 지도자 중 한 사람인 디드로^{Denis} Diderot 1713~1784와 친분 관계를 유지하였고, 《백과전서^{Encyclopédie}》 편찬에 일부 가담하기도 하였다.

어느 날 루소는 투철한 계몽사상가답게 감옥에 갇혀 있던 디드로를 만나기 위해 길을 나섰다. 마침 그때 그의 가방에 《프랑스 머큐리^{Mercure de} France》라는 잡지가 있었는데, 우연인지 필연인지 그는 거기에 상당한 현상금과 함께 '학문과 예술의 부흥은 도덕과 풍속의 순화에 기여했는가, 아니면 타락시켰는가?'라는 주제의 논문을 공모한다는 광고가 실려 있는 것을 발견했다.

"문명이 발전할수록 인간은 더 훌륭해지는 것일까?"

루소의 회고록에 따르면 그 질문을 보는 순간 '아니다. 자연 상태에서 인간은 미덕을 가지고 있었는데, 이른바 문명이라는 것이 발달하면서 점점 타락하게 되었다.'라는 생각이 떠올랐다고 한다. 그런데 다른 일화도 있다. 그의 친구 디드로가 "학문과 예술이 발전하면 인간의 도덕과 풍속이 순화된다고 다들 믿고 있지 않느냐? 요즘 세상에 누가 계몽을 부정하겠는가? 그러니 당선되고 싶다면 눈에 띄어야 하고, 눈에 띄려면 아무도 안 쓰는 쪽으로 써야 한다. 학문과 예술이 발전할수록 인간은 타락한다, 쪽으로 쓰면 눈에 확 띄지 않을까?"라고 영감을 주었다고 한다. 그래서 루소는 '문명이 인간을 타락시킨다.'는 논문을 썼다는 것이다.

어쨌든 루소는 학문과 예술, 즉 문명의 발달이 인간의 도덕을 순화시키기는커녕 오히려 타락시키고 있다는 내용을 담은 〈학문과 예술에 대한 논고Discours sur les sciences et les arts〉를 썼고, 이 글은 단박에 프랑스 사상 계에서 일대 논란을 일으켰다. 이 논문의 주장은 다음과 같다.

인간은 본래 자연에서 태어난 자연의 한 부분이다. 그리고 인간에게는 자연스러운 본성이 있다. 인간의 자연스러운 본성은 선하며 조화롭다. 학문과 예술, 이른바 문명이라고 하는 것은 자연의 소산이 아니라 인위적인 것들이다. 따라서 인간의 자연스러운 본성과는 무관하다. 인위적인 문명이 자연스러운 풍속, 자연스러운 심성과 행동을 왜곡하고 위축시킨다. 따라서 이른바 문명이 발달할수록 인간은 자연스러운 본성과 멀어지며 비인간화된다. 그리고 이러한 타락을 해결하기 위해 문명을 발달시킬수록 인간은 자연스러운 본성으로부터 더욱 멀어지게 된다. 따라서 학문과 예술의 부흥, 즉 문명의 발전이 풍속의 순화에 기여하기는커녕 오히려 풍속을 타락시킨다.

루소의 이 주장이 왜 그토록 큰 파장을 일으켰을까? 인간이 지혜를 얻게 됨으로써 오히려 타락했다는 주장은 성경 창세기에도 나오는 오래된 이야기 아닌가? 그것은 루소가 이런 주장을 계몽사상이 가장 정점에 이르렀던 시기에 던졌기 때문이다.

계몽사상이 무엇인지 이해하기 위해서는 먼저 영국의 물리학자 아이작 뉴턴으로부터 출발해야 한다. 현재 영국 웨스트민스터 사원에 있는 뉴턴의 묘비에는 다음과 같은 말이 적혀 있다.

태초에 자연과 자연의 법칙은 밤에 숨겨져 있었다. 하느님이 말씀하시기를
"뉴턴이 있으라."고 하니, 모든 것이 밝혀지게 되었다.

이것은 뉴턴에 대한 찬사다. 하지만 그와 동시에 18세기 유럽인들이
자기 스스로에게 보내는 찬사이며, 인간의 자신감을 표현한 문장이기도
하다. 데카르트가 인간의 이성이 모든 지식의 든든한 원천이 될 수 있음
을 보여 주었다면, 뉴턴은 그것이 사실임을 보여 주었다. 뉴턴은 신의 계
시 없이도, 어떤 초자연적이고 신비한 전제 없이도, 오직 인간의 감각과
이성만으로 눈앞에 보이는 현상은 물론 저 멀리 보이지 않는 우주에서
별들이 움직이는 것까지 정확하게 설명할 수 있는 법칙들을 보여 주었다.

뉴턴의 물리학은 한마디로 사물과 사물 간의 관계, 그리고 사물의
운동에 대한 법칙이다. 이것은 이 세상이 어떤 형태로든 사물들로 이루
어졌다는 데카르트의 세계관을 전제로 하고 있다. 이 세상은 크건 작건
어떤 사물들로 이루어졌으며, 이 사물들은 모두 일정한 공간을 차지하
고 있고, 일정한 질량을 가지고 있다. 이 사물들은 고정되어 있는 것이
아니라 운동을 하고 있으며, 이 세상의 모든 자연현상은 크고 작은 사물
들의 운동이다. 따라서 사물이 운동하는 법칙을 알아낸다면 이 세상의
모든 자연현상을 설명할 수 있는 것이다.

흔히 뉴턴을 보면 사과를 떠올린다. 그런데 뉴턴 법칙의 위대함은 사
과의 운동을 통해 만유인력이라는 힘을 발견하였고, 이 힘을 계산할 수

윌리엄 블레이크, 〈뉴턴Newton〉. 기하학을 다루는 신의 모습으로 뉴턴을 표현했다.
뉴턴이 유럽인들에게 어느 정도의 자부심인지 알 수 있다.

있게 되었으며, 만유인력으로 세상 모든 사물의 운동을 설명할 수 있다는 것이다. 즉 사과가 떨어지는 것을 설명할 수 있는 법칙으로 저 멀리 우주의 행성 운동까지 설명할 수 있게 된 것이다.

이를 과학자들은 '뉴턴 종합Newton Synthesis'이라고 부른다. 뉴턴은 만유인력이라는 단일한 힘에 근거하여 천상계의 운동과 지상계의 운동이 동일한 운동 법칙으로 설명된다는 것을 보여 주었다. 또 정확하고 수학적인 방법과 실험적이고 경험적인 방법을 하나로 융합하였다. 데카르트는 경험과 감각을 믿지 않고 오직 수학적 방법만을 추구했고, 베이컨의 전통을 이은 과학자들은 그저 경험과 실험에서 얻은 자료만을 남겼을 뿐이다. 그런데 뉴턴은 경험을 통해 얻은 자료를 수학 법칙으로 설명한 것이다.

뉴턴의 법칙뿐 아니라 뉴턴이 그 법칙에 도달하는 과정, 즉 과학적 방법론은 17~18세기의 많은 과학자를 고무시켰다. 이후 과학자들은 자연계의 여러 현상을 어떤 힘의 관계로, 그리고 그 힘의 관계를 수학식으로 표현하려고 하였다. 화합, 분해, 산화와 같은 물질의 변화를 서로 다른 물질들 간의 화학적 친화도와 결합력의 수식으로 표현하려 하였고, 열 현상, 연소 현상 등도 수학 법칙으로 설명한 것이다.

모든 분야의 학문에서 각각의 현상에 기본이 되는 힘이나 작용을 찾아내고 이 힘이나 작용을 수학적으로 표현한 뒤 이를 바탕으로 여러 현상을 설명하려는 뉴턴의 방법이 널리 적용되었다. 그동안 암흑천지와도 같았던 세상이 밝아진 것이다. 인간을 매혹시키거나 공포에 떨게 만들었던 자연의 여러 현상은 그 원인을 여러 물리법칙으로 설명할 수 있게 된 순간 통제 가능한, 더 나아가 이용 가능한 힘이 되었다. 사람은 이제 자연의 힘 앞에서 덜덜 떠는 존재가 아니라 그 힘을 자신의 힘처럼 부릴 수 있는 신과 같은 존재가 되었고, 이를 바탕으로 근대 문명이 꽃을 피웠다.

많은 철학자가 이러한 근대 문명과 그 핵심인 자연과학을 예찬했다. 영국을 대표하는 철학자 존 로크^{John Locke 1632~1704}는 자신은 다만 뉴턴이 지나갈 수 있도록 길을 청소해 주는 사람에 불과하다고 말했다. 존 로크의 영향을 크게 받은 프랑스의 계몽사상가인 볼테르^{François Marie Arouet Voltaire 1694~1778}, 돌바크^{Baron d'Holbach 1723~1789}, 달랑베르^{Jean Le Rond d'Alembert 1717~1783} 등도 마찬가지였다. 이들을 통틀어 계몽주의자라고 부른다.

계몽주의란 18세기 유럽의 문화와 사고방식에서 드러나는 특징을 일컫는 말로 18세기 지식인들이 스스로를 '계몽된 사람'으로 부른 데서 비롯되었다. 계몽이란 영어의 'enlightment'를 번역한 용어로 암흑천지에 빛을 비춘다는 의미를 가지고 있다. 여기서 말하는 암흑이란 각종 신비주의, 종교와 같은 것이며, 빛이란 과학을 말한다. 즉 각종 미신과 종교의 잘못된 가르침으로 세상에 대해 전혀 알지 못하는 사람들에게 과학, 즉 합리적 방법이라는 빛을 비추어 세상의 진리를 깨우치게 한다는 뜻이다.

대표적인 계몽사상가인 볼테르는 프랑스의 구제도^{Ancien Regime}를 비난하고 그것을 대체할 새로운 이념을 찾고 있었다. 그는 귀족들의 박해를 피해 영국으로 피신했는데, 그곳에서 국왕의 자의적 통치가 불가능하고 권력이 잘 견제되고 있는 영국의 의회정치에 깊은 감명을 받았다. 그런데 그를 더욱 놀라게 한 것은 뉴턴의 장례식이 국장國葬으로 치러지는 것이었다. 왕족이나 고위 귀족이 아닌 일개 과학자를 국장으로 예우하는 것

왼쪽 본명이 프랑수아 마리 아루에인 볼테르.
오른쪽 《백과전서》. 1751년부터 1780년에 걸쳐 프랑스의 달랑베르와 디드로가 감수하여
간행한 대백과사전이다. 계몽적인 집필자들이 완성하였으며, 약 6만 600항목이 수록되어 있다.

을 보고, 그는 영국이 당시 프랑스보다 자유로운 나라인 까닭은 과학과
이성에 대한 존경 때문이라 생각하게 되었다.

볼테르는 프랑스인이 과학과 이성의 세례를 받으면, 뉴턴처럼 합리적
이고 이성적인 방법을 사용하여 프랑스 사회를 개혁할 수 있다고 결론을
내렸다. 달랑베르, 돌바크, 디드로 등도 이런 생각에 동의했으며, 이들은
함께 모여 《백과전서》를 편찬하는 일에 매달렸다.

이때부터 프랑스 계몽주의자들을 '백과전서파'라고 불렀다. 이들이
백과사전을 편찬한 까닭은 인간이 과학적 방법과 이성을 통해 이 세상

의 모든 지식을 알 수 있음을 보여 주고 불합리한 미신이나 종교에서 비롯된 잘못된 지식을 폐기하기 위해서였다. 이렇게 18세기는 인간의 자신감이 충천해 있었다. 인간의 이성과 과학의 힘으로 세상의 문제점들을 극복하고 이상적인 사회를 건설할 수 있다고 믿던 시절이었다. 이들은 이성적이고 과학적인 문명은 인류를 무한히 진보시킬 수 있는데, 낡은 제도와 불합리한 미신이 그 걸림돌이 되고 있다고 주장하였다. 따라서 모든 불합리한 것에 이성의 빛을 밝혀 계몽함으로써 낡은 제도가 설 자리가 없게 만들자고 주장하였다.

그런데 루소는 여기에 대담한 돌직구를 던진 것이다. 루소는 인간이 인위적으로 만든 모든 문명이 타락과 부패의 원인이기 때문에 낡은 제도를 철폐하고 새로운 제도를 수립한들 오히려 더욱더 타락하게 될 것이라고 주장했다. 루소의 주장은 계몽주의자들을 화나고 당혹스럽게 만들기에 충분했다. 계몽주의자들은 낡은 제도가 인류의 이성과 과학이 가는 길을 가로막고 있기 때문에 문제가 발생하고 타락과 부패가 발생한다고 주장하고 있었기 때문이다.

자연으로 돌아가라

그렇다면 루소는 도대체 무슨 근거로 문명이 인간을 타락시킨다고 주장한 것일까? 루소는 자연 상태로 돌아가는 상상실험을 한다. 상상실험이란 당시 계몽주의자들이 흔히 하던 실험이다. 자연 상태란 관습, 규범, 제도와 같은 것들이 없는 상태를 말하는데, 이런 상태에서 인간이 어떻게 살아가는지를 상상해 본 것이다.

　루소는 홉스Thomas Hobbes 1588~1679의 자연 상태와 로크의 자연 상태를 모두 비판하였다. 홉스는 자연 상태를 인간이 서로가 서로를 믿지 못하고 공격하는 전쟁 상태, 이른바 '만인의 만인에 대한 전쟁' 상태라고 보았다. 반면에 로크는 서로에 대해 침해하지 않으며 각자 서로의 소유권을 인정하고 살아가는 적절한 평화 상태를 자연 상태로 보았다. 루소가 보기에 이 두 사람의 자연 상태는 법과 제도가 없는 상태에서 근대인들이 살아가는 모습을 묘사한 것이었다. 서로 상대방의 것을 빼앗으려고 투쟁하거나홉스 상대방의 것을 존중하며 살아가는로크 자연 상태는 이미 소유권을 중요하게 생각하는 근대인들을 전제하고 있다는 것이다. 당연히 근대인들은 이미 문명에 의해 타락한 사람들이다. 타락한 사람들을 아무런 법과 제도가 없는 곳에 풀어 놓으면 당연히 서로 죽이고 빼앗는 아수라장이 펼쳐질 것이다.

　루소는 법, 제도, 기타 인간의 문명이 없는 자연 상태에서는 사람 역시 지금과 전혀 다른 종류의 사람이 살아간다고 보고 이를 **자연인**이라 불렀다. 자연인은 어떤 학문, 예술도 모르고 도덕도 예절도 모르는 사람이다. 자연인은 소유도 모르기 때문에 내 것, 네 것도 모른다. 자연인은 어제도 모르고 내일도 모른다. 자연인의 유일한 관심사는 그날그날 자신의 생존에 필요한 것을 얻는 것뿐이다. 인류 역사상 원시 부족 사회 혹은 그 이전 시대의 사람들이 비교적 자연인에 가깝다. 이 시기에는 인위적인 가치가 없기 때문에 선과 악의 구분이 없었다. 또한 인위적인 사회조직이나 제도가 없기 때문에 모든 인간이 평등했다.

근대인은 인간이 만들어 낸 인위적인 규칙·법·예의범절·도덕에 따라 살아가지만, 자연인은 오직 인간의 본성에 의해 살아간다. 이 본성이란 결국 자기애와 동정심이다. 특히 이 중에서 중요한 것은 동정심인데, 루소는 동정심을 자연의 축복이라고까지 불렀다. 자연스러운 본성으로 동정심을 지니고 있는 인간은 선하며 이타적이다. 욕심, 자존심, 공격성과 같은 부정적인 인간의 성질은 본성이 아니라 인간이 문명 생활을 함으로써 얻은 것이다. 예컨대 사유재산제도가 형성되기 전에는 욕심이 없었다. 사회가 만들어져 지위의 고하가 결정되기 전에는 자존심이란 것도 없었다. 모두가 평등하고 공유하는 사회에서는 서로 다툴 일이 없기 때문에 공격성도 없다.

인간의 자연스러운 본성은 선하며, 악한 성품은 문명으로 인해 만들어진 것이기 때문에 루소는 당연히 감정과 충동을 긍정하였다. 자연스러운 감정과 충동이 나쁜 것이 아니라 그것에 대한 인위적인 억압과 왜곡이 나쁜 것이다. 인간 사회의 여러 문제는 자연스러운 감정과 충동 때문이 아니라 이것을 억지로 조작한 각종 문화와 제도 때문에 발생한 것이다.

이는 이성과 지성을 인간성의 본질로 두고 감정과 충동을 이성을 통해 통제하고 억제해야 한다고 믿었던 계몽주의를 정면으로 부정하는 것이다. 루소에 따르면 인간은 인위적인 틀을 벗을수록 선한 본성에 가까워진다. 따라서 충동적인 생각과 느낌, 자연스러운 감정이야말로 선한 본성에 가까우며 후천적이고 인위적으로 따지고 드는 이성이 끼어들수록 오히려 타락한다.

여기서 루소는 야만인을 새로운 눈으로 바라보았다. 계몽주의자들에게 야만인이란 문명이 없는 사람들로 짐승이나 다름없는 존재로 여겨졌다. 이들은 문명화되어야 하는 대상이었다. 따라서 이것은 식민지 침략을 정당화하는 논리로 사용되었다. 그러나 루소에게 야만인은 문명의 흔적이 적기 때문에 오히려 문명인보다 더 자연에 가깝고 따라서 더 선량하고 고귀한 존재다. 야만인은 유럽인들이 잊어버린 저 먼 옛날 자연인 시절을 깨우칠 수 있게 해 주는 소중한 존재다. 이를 루소는 '고귀한 야만인noble savage'이라 불렀다. 고귀한 야만인은 자연에서 태어나 문명의 때가 전혀 묻지 않고 자연과 하나가 되어 살아가는 고결하고 순수한 존재다.

한편 문명국가 안에서는 농촌이 바로 고귀한 야만인의 역할을 한다. 비록 야만인만큼은 아니지만 농촌에는 그래도 자연스러운 삶이 아직 많이 남아 있기 때문이다. 반면 도시는 오로지 문명에 의해 움직이고 살아가는 곳으로, 인간이 가장 많이 타락한 곳이다. 도시의 아이들은 농촌의 아이들보다 필요 이상으로 인위적인 허식에 노출되었고, 그 결과 인간으로서 자연스럽게 타고난 미덕과 본성을 상실했다. 이들은 나약하고 신경질적이며 비인간적이다. 반면 농촌의 아이들은 건강하고 밝으며 사람다운 모습으로 서로 간의 조화를 이루며 살아갈 줄 안다.

이와 같이 루소는 모든 악의 원인이 충동으로부터 오는 것이 아니라 오히려 타락한 인간 환경의 영향, 즉 인위적인 문명에서 비롯된다고 주장하였다. 신으로부터 기인한 원초적 본성으로서의 충동, 즉 순수한 자연성 그 자체는 오히려 선한 것이다. 따라서 계몽주의자들처럼 낡은 제도의 모순을 새로운 계몽적 제도를 수립함으로써 해결한다는 것, 즉 엉

성한 문명의 문제점을 더 정교한 문명을 통해 해결한다는 것은 잘못이다. 이는 오히려 문제를 더 키우고 어렵게 만들 뿐이다. 그렇다면 어떻게 해야 할까? 여기서 루소를 유명하게 만든 구호, '자연으로 돌아가라!'가 등장한다.

격돌! 루소 vs 볼테르

루소의 주장은 왕당파뿐 아니라 계몽주의자들에게도 큰 거부감을 불러일으켰다. 그럴 수밖에 없는 것이 당시는 인간의 이성이 이루어 낸 성과, 그리고 비약적으로 발전하고 있는 유럽 문명에 대한 자신감이 충만하던 시절이었다. 그리고 계몽주의자들은 이러한 이성과 과학의 힘으로 낡은 왕정 대신 보다 합리적인 제도를 마련할 수 있다고 믿었던 사람들이다.

말하자면 18세기는 계몽주의의 전성기였다. 조금이라도 지식이 있는 사람이라면 모두 계몽을 말했으며, 심지어 봉건 군주들조차 자신들이 계몽주의자임을 자랑하던 시절이었다. 이제는 과학의 빛으로 자연의 비밀을 밝혀낼 수 있게 되었고, 이로써 자연을 두려워하는 대신 이용할 수 있게 되었다. 그것이 바로 문명의 발전 아니겠는가? 비로소 인간이 자연을 지배할 수 있게 되었다고 믿고 있는 판에 자연으로 돌아가라니?

독설가로 유명했던 프랑스의 대표적인 계몽사상가 볼테르는 루소에게 편지를 보내 불쾌감을 표시하며 조롱을 퍼부었다.

새로운 저서를 잘 받았습니다. 인류에게 적대적인 책이더군요. ……
이 책처럼 우리 인간을 동물로 만드는 사상으로 가득한 책은 지금까지
보지 못했습니다. 당신의 책을 읽는 독자들은 네 발로 다니고 싶다는
생각이 들겠습니다.

볼테르는 여기에 그치지 않고 그의 대표적인 풍자소설《캉디드 혹은
낙관주의Candide ou l'Optimosme》1759에서 루소를 모델로 한 팡글로스 박사를
등장시켜 그의 어리숙한 낙관주의를 풍자하고 조롱하였다. 여기에 대해
루소는 별다른 대응을 하지 않았지만, 예민하고 심약한 성품 때문에 어
쩌면 덜덜 떨고 있었는지도 모른다. 어쨌든 루소의 답장은 무려 5년이나
지나서 볼테르에게 전달되었는데, 그 내용은 간단했다.

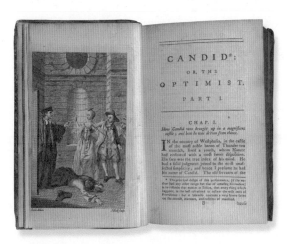

볼테르, 《캉디드 혹은 낙관주의》. 이 책에서 볼테르는 어리숙한
낙관주의자를 등장시켜 루소를 풍자하고 조롱하였다.
1762년 영어판의 삽화와 첫 페이지다.

볼테르 씨, 당신을 증오합니다.

볼테르와 루소, 즉 계몽사상과 루소 사상의 결정적인 차이는 리스본 대지진에 대한 반응에서도 확인할 수 있다. 리스본 대지진은 1755년 11월 1일 포르투갈의 수도 리스본에서 일어나 15,000명의 목숨을 앗아간 대참사였다. 이때까지 유럽에서는 사람들이 많이 거주하던 대도시에서 지진이 발생한 적이 없었다. 그날은 모든 성인의 축일이라 불리던 만성절_{할로윈}이었다. 리스본의 시민들이 미사를 보려는데 갑자기 땅이 크게 요동쳤다. 대부분의 시민이 성당에 모여서 미사를 드리고 있었기 때문에 피해가 더 컸다. 그때까지만 해도 지진과 같은 대참사는 흔히 신의 징벌이라고 여겨졌다. 하지만 리스본은 크리스트교가 가장 성행한 도시였다. 신의 징벌이 될 만한 도시들은 따로 있었다. 게다가 징벌을 내리려면 악인에게 내릴 일이지 선인, 악인, 어른, 아이를 가리지 않고 수만 명을 일거에 죽음으로 내모는 것이 과연 전지전능한 신의 섭리인가, 하는 충격이 퍼져 나갔다.

볼테르는 리스본 지진 소식을 듣고 장편풍자시 〈리스본 재난의 시〉1756를 통해 무고한 사람들을 희생시킨 신을 원망하였다. 그리고 과연 자연에 섭리란 것이 있는가, 하며 비판적인 논조를 펼쳤다. 이는 루소에게 직격탄이었다. 리스본 대지진은 자연이 얼마나 냉혹하고 잔인한지 보여준 사건이기 때문이다. 그런데 자연으로 돌아가라고?

하지만 루소는 애초에 6층, 7층짜리 건물들을 짓지 않았다면, 애초에 수많은 사람이 도시를 이루고 살지 않았다면 이와 같은 대참사가 있

카르모 성당. 1755년 리스본 대지진 때 천장이 무너진 이후 오늘날까지 그 모습을 유지하고 있다. 볼테르와 루소는 리스본 대지진을 놓고도 상반되는 입장을 고수했다.

었을까 반문하였다. 자연 상태에서 자연스럽게 살아가던 사람은 큰 지진이 일어나면 잠시 두려움에 떨었을 것이다. 하지만 인위적으로 도시를 이루고 높은 빌딩을 짓고 많은 사람이 모여 있었기에 몰살을 당했다는 것이다. 따라서 지진은 자연현상이지만 참사는 사람의 문명이 만들어 낸 결과라는 것이다.

루소의 위대한 유산

인간이 자신의 문명에 대해 가장 자신감이 높았던 18세기 한복판에서 "문명이 발전할수록 인간은 더 훌륭해지는 것일까?"라는 질문을 던지고 "그렇지 않다. 문명은 인간을 타락시키니 자연으로 돌아가야 한다."라는 대담한 주장을 펼친 루소는 긍정적이든 부정적이든 유럽에서 크나큰 격동의 원인이 되었다. 그리고 루소의 질문과 대답이 없었다면 오늘날 우리는 지금과 상당히 다른 세상을 살고 있을 것이다.

루소의 사상은 프랑스 혁명의 밑거름이 되었고, 민주공화정의 원천이 되었다. 흔히 계몽사상이 프랑스 혁명의 바탕이 되었다고 말하지만, 이는 루소가 계몽·반계몽의 경계인이었던 만큼 절반은 옳고 절반은 그르다. 계몽사상가인 볼테르, 디드로가 프랑스 부르봉 왕조와 세습 귀족들을 비판한 것은 사실이지만, 그들은 불합리한 군주정을 비판한 것이지 군주정 자체를 부정한 것은 아니었다. 따라서 왕이나 세후가 합리적인 통치를 행한다면, 즉 입헌군주정을 실시한다면 이는 얼마든지 용인할 수 있는 일이었다. 그래서 실제로 18세기의 몇몇 군주들은 스스로 계몽군주를 자처하며 낡은 제도 대신 이성과 과학을 바탕으로 통치하고자 했다. 물론 볼테르, 디드로 같은 계몽사상가들은 이런 군주들의 존경을 받았다.

그러나 루소의 사상을 따라가면 어떤 종류의 군주정도 용납될 수 없다. 오직 공화정만이 가능하다. 루소에게 군주정은 불합리한 낡은 제도 정도가 아니라 인간의 자연적 본성을 거스르는 비인간적 제도이기 때문이다. 자연인으로서의 인간은 모두 자유롭고 평등하며 서로에 대한 동정심으로 연대할 줄 아는 존재다. 그런데 인위적인 제도와 문명이 들어서면서 자유를 구속하는 각종 규제가 생기고, 평등했던 사람들 사이에 위계와 서열이 생겼다. 따라서 군주가 합리적이건 전제적이건 간에, 어떤 인간이 다른 인간보다 더 존귀한 위치에 있다는 것만으로도 군주정은 자연에 위배된다.

루소의 사상은 합리적이지 않고 시대에 뒤떨어진 통치 제도를 합리적인 제도로 바꾸자는 수준을 훨씬 넘어선다. 인간이 인간을 지배하는 부자연스러운 제도를 폐지하고 모든 사람이 평등하게 공동체의 주인이 되는 사회를 건설하자는 요청으로 발전한 것이다. 그것은 바로 혁명을 의미한다. 그래서 합리적이고 계몽적인 군주들의 존경을 받았던 볼테르, 디드로와 달리 루소는 모든 통치자에게 경계의 대상이었으며, 평생을 망명객으로 떠돌아다녀야 했다.

"자연으로 돌아가라."라는 루소의 사상은 민주공화정뿐 아니라 교육에도 큰 영향을 미쳤다. 루소가 쓴 《에밀Emile ou de l'education》1762은 교육학의

페스탈로치는 루소의 사상을 실제 교육 현장에 구현하였고,
이로써 루소는 모든 진보적인 교육 이론의 원천이 되었다.

고전으로 남았다.

　교육의 역사는 《에밀》 이전과 이후로 나뉜다고 해도 과언이 아니다. 루소 이전에 교육이란 교사가 학생에게 어떤 변화를 일으키고 지식을 심어 주는 일이었다. 이를 로크의 용어를 빌려 '빈 서판^{Tabula Rasa} 이론'이라고 한다. 학생은 백지 상태로 교사에게 오며 교사는 학생에게 지식과 지혜를 심어 주면서 서판을 채워 나가는 것이다. 오늘날에도 많은 사람이 교육을 이렇게 생각한다.

　하지만 루소는 정반대로 생각했다. 문명은 인간을 타락시키기 때문에 아이들이라는 서판에 교사가 뭔가 자꾸 쓰면 쓸수록 아이들은 오히려 더 망가지고 타락한다. 따라서 루소는 올바른 교육이란 자연인으로 태어난 아이들의 선한 본성을 잘 가꿀 수 있도록 타락한 문명의 영향으로부터 보호하고 타고난 선한 본성과 지혜가 꽃필 수 있도록 적절한 환경을 조성해 주는 것이라고 주장했다. 여기에서 교육을 '선생이 가르치는 것'이 아니라 '학생이 성장하는 것'으로 바라보는 발상의 전환이 일어났다.

처음에는 루소의 이러한 주장이 다만 이상일 뿐 실제 교육 현장에서 가능할 것이라고 여겨지지 않았다. 그런데 페스탈로치^{Johann Heinrich Pestalozzi 1746~1827}가 이를 실제 교육 현장에 구현함으로써 이후 루소의 사상은 모든 진보적인 교육 이론의 원천이 되었다. 루소 덕분에 오늘날 우리는 '학생 중심 교육', '자기주도 학습'이란 말을 쉽사리 듣게 되었다. 그리고 수학, 과학 등 주지^{主知} 과목에 치우친 교육 대신 다양한 감정 표현과 예술교육을 강조하는 교육개혁의 목소리를 접할 수 있게 되었다.

루소의 사상은 예술에도 큰 변화를 가져왔다. 루소는 비록 성공하지 못했지만 작곡가로 활동한 적이 있었고 소설가로서는 비교적 큰 성공을 거두었다. 자연으로 돌아갈 경우 인간에게는 무엇이 남을까? 바로 본능과 감정이다. 그동안 서양 문명은 본능과 감정을 이성으로 억압하고 통제해 왔다. 감정을 겉으로 드러내는 것을 야만적이라고 생각하는 풍토는 심지어 오늘날까지 남아 있다. 하지만 루소에 따르면 인간의 자연스러운 감정과 본능에 문명의 굴레를 씌우는 것이 오히려 타락이다.

"자연으로 돌아가라."는 루소의 제안은 예술가들에게 감정과 본능을 자유롭게 표현하라는 요청이 되었다. 따라서 루소 이후의 예술가들은 인위적인 예술 작품의 형식이나 기법에서 벗어나 창작자의 감정과 본능을 드러내고자 하였다. 이러한 예술 사조가 바로 낭만주의다. 자연스러운 감정과 본능은 남녀 간의 사랑에서 가장 강렬하게 나타나기 마련이다. 루소는 《신 엘로이즈Julie ou la Nouvelle Héloïse》1761라는 작품에서 그 모범을 보여 주었다.

《신 엘로이즈》의 영향력은 대단했다. 이전에는 서양 문명에서 감정은 되도록 감추고 억제해야 하는 것, 이성의 통제를 받아야 하는 것이었다. 그러나 루소는 감정이 오히려 자연적인 것이기 때문에 자유로운 감정은 인간의 오점이 아니라 미덕임을 역설했다. 이후 서양 예술에서는 《신 엘로이즈》의 전통을 이어 자연스럽게 불타오르는 사랑의 감정과 이를 가로막는 인습과 제도의 장벽 사이의 갈등을 그린 작품들이 봇물 터지듯 쏟아져 나왔다. 그중 가장 대표적인 작품이 바로 괴테Johann Wolfgang von Goethe 1749~1832의 《젊은 베르테르의 슬픔Die Leiden des Jungen Werthers》1774이다.

한편 "자연으로 돌아가라."는 요청을 좀 더 직접적으로 받아들인 예술가들은 신화, 종교, 궁정, 귀부인 등이 아니라 자연과 전원의 아름다움을 표현하고자 하였다. 예컨대 신화적 배경에서 영웅들이 등장하던 오페라 대신 들판과 수풀에서 목동과 요정들이 등장하는 오페라가 유행하게 되었다. 18세기 후반에 활동한 프랑스 화가 프랑수아 부셰François Boucher 1703~1770의 전원화도 루소의 영향을 받은 예다.

무엇보다도 루소는 자연관에 일대 전환을 가져왔다. 고대부터 중세에 이르기까지 자연은 인간에게 두려움의 대상이었다. 자연에 대한 두려움은 자연에 대한 숭배로 이어져 각종 종교의 원천이 되었다. 그러나 17세기 과학혁명으로 자연은 두려움의 대상이 아니라 성복하고 이용해야 할 대상이 되었다. 하지만 루소 이후 자연은 우리가 돌아가야 할 고향, 인간

프랑수아 부셰, 〈방앗간Le Moulin〉. 루소의 사상은 예술에도 영향을 미쳤다. 프랑수아 부셰의 아름다운 전원화도 "자연으로 돌아가라."는 루소의 요청을 직접적으로 받아들인 예다.

의 미덕의 원천이 되었다.

인간 문명에 대한 자신감이 절정에 이르렀던 계몽의 시대 한복판에서 문명을 비판한 루소의 영향력은 매우 광범위하다. 민주공화정, 학생 중심 교육, 감정과 본능에 대한 긍정, 낭만주의 예술, 그리고 자연에 대한 정복과 대상화에 대한 강렬한 비판 등 루소가 남겨 놓은 유산은 아직까지도 계속 영향을 미치고 있다. 만약 루소가 우연히 만난《프랑스 머큐리》의 질문에 대한 답을 고민하지 않았다면, 오늘날 우리 세계의 모습이 지금과 얼마나 달라졌을까. 상상하는 것은 어렵지 않을 것이다.

시간을 잊은 칸트

임마누엘 칸트.

독일 철학자 임마누엘 칸트Immanuel Kant 1724~1804는 시간을 정확하게 지키기로 유명했다. 특히 그의 산책 시간은 너무도 일정해서 동네 주민들이 그가 산책하는 것을 보고 시계를 맞출 정도였다고 한다. 그런데 어느 날 산책할 시간이 한참 지났는데도 칸트가 나타나지 않았다. 아마 동네 주민들의 연쇄 지각 사태라도 발생했을 것이다. 그런데 칸트에게 무슨 일이 있었을까?

칸트는 루소의 《에밀》을 읽느라 그만 산책 시간을 잊어버렸던 것이다. 이 일화 덕분에 루소는 칸트조차 시간을 잊게 만들었다는 명성을 얻었다.

루소의 《에밀》을 감명 깊게 읽은 사람은 또 있다. 그는 루소와 같은 스위스 사람으로, 《에밀》에 나오는 대로 아이들을 교육하려고 노력한 페스탈로치였다. 오늘날 학교라는 교육기관의 선구자가 페스탈로치임을 생각한다면 결국 루소가 학교를 만든 셈이다. 학생들에게는 어쩌면 나쁜 사람이 될지도 모를 일이다. 함수와 방정식을 만든 데카르트와 학교를 만든 루소, 누가 더 학생들을 괴롭혔을까?

다섯 번째 물음:
왜 사회가 진보하는데도
빈곤은 점점 더 심해지는가

영국의 가난한 노동자가 아프리카의 왕보다 낫다?

고대 아테네의 정치가 페리클레스^{Perikles B.C.495?~B.C.429}는 "누구나 가난을 부끄러워할 필요는 없다. 가난에서 벗어나려는 실질적인 노력을 하지 않는 것이 부끄러운 것이다."라고 역설했다. 이 말은 이후 오랜 세월 서양 사회를 지배했다. 즉 가난은 노력의 문제이며, 노력하면 벗어날 수 있다는 것이다.

물론 고대 노예나 중세 농노들은 아무리 열심히 일해도 신분제의 장벽 때문에 가난을 벗어날 수 없었다. 그러나 **시민혁명**이 일어나 봉건적 신분제가 무너지고 모든 국민이 동등한 권리를 가진다는 민주주의가 등장하게 되었다. 게다가 고도의 분업화, 기계를 이용한 생산, 증기기관 등 각종 동력 기관의 활용으로 인간의 생산능력을 비약적으로 증가시킨 **산업혁명**이 일어났다.

이 두 혁명이 함께 이루어졌으니 사람들은 이제 누구나 노력하면 잘 살 수 있는 세상이 왔다고 믿었다. 물론 여전히 빈부 간의 격차가 존재하는 것은 사실이지만, 산업혁명으로 생산능력이 과거의 수십 배나 늘어난 만큼, 부자들이 많은 양을 가져간다 하더라도 다 같이 윤택하게 살 정도로 남을 것이라고 생각했다.

이러한 낙관론을 가장 잘 보여 준 사람은 경제학자 애덤 스미스^{Adam Smith 1723~1790}였다. 자본주의 시장경제의 바이블이라 할 수 있는 명저《국부론國富論, The Wealth of Nations》¹⁷⁷⁶에서 그는 "영국의 가장 가난한 노동자라 하더라도 아프리카에서 수십 명의 부하를 거느린 벌거벗은 왕보다 더 높

애덤 스미스.

은 수준의 삶을 살고 있다."라고 자신만만하게 단언하였다. 간단히 말해서, 경제가 성장하면 선진국 노동자가 후진국 왕보다 더 윤택한 삶을 살 수 있다는 것이다. 오히려 그는 노동자들이 가난이 아니라 고도의 분업화로 인해 단순 작업만 반복하다 지적·정서적·도덕적으로 쇠퇴할 것을 걱정했다. 그래서 전 국민을 대상으로 하는 보통교육普通教育을 제안하기도 했다.

찰스 디킨스의 《올리버 트위스트》 중 삽화. 우여곡절 끝에 런던으로 도망쳐온 올리버가 악당 페이긴이 이끄는 도둑 소굴에 들어가는 장면이다. 이 작품 속의 영국 어린이들에게 현실은 가혹하고 비참하다.

그런데 한 세기 뒤, 이 시대를 대표하는 소설가 찰스 디킨스Charles John Huffam Dickens 1812~1870 작품 속의 영국은 애덤 스미스의 낙관과는 영 거리가 멀었다. 《올리버 트위스트Oliver Twist》1838, 《데이비드 코퍼필드David Copperfield》 1849~1850, 《크리스마스 캐럴Christmas Carol》1843 같은 소설에 묘사된 영국 노동 자계급의 삶은 문자 그대로 거지나 다름없었다. 아프리카의 추장은커녕 아프리카의 노예나 다름없는 삶을 살고 있었다.

농민들은 농토를 잃어버렸다. 이들은 부랑자가 되거나 탄광 지역에 가서 노동자가 되었다. 그런데 노동자들의 삶은 오히려 부랑자를 부러워할 정도로 비참했다. 19세기 영국 최대의 산업도시였던 맨체스터에서 성인 노동자들은 보통 12시간 이상, 심지어는 16시간씩 일을 해야 했다. 하지만 그렇게 일하고 받는 임금은 그의 가족을 먹여 살리기에는 턱없이 모자랐다. 결국 부녀자는 물론 어린이까지 일을 하러 나서야 했는데, 심지어 6살 미만의 어린이들조차 10시간씩 탄광에서 일해야 했다. 10~13살 정도의 어린이들은 갱도에서 석탄 수레를 끌었는데, 이들이 탄광에서 일하면 어른이 일할 때보다 갱도를 좁게 파도 되기 때문에 자본가들은 닥치는 대로 어린이들을 고용하여 탄광에 몰아넣었다.

그렇게 하루 일이 끝나면 노동자들은 초라한 집으로 돌아간다. 좁은 도시에 엄청나게 많은 노동자가 몰려들었기 때문에 집주인들은 터무니없이 비싼 방세를 받았다. 결국 세 가정이 방 한 칸을 같이 쓰는 경우까지 발생했다. 그러나 그것은 별문제가 되지 않았다. 어차피 어른은 물론 어린이까지 하루에 12시간 이상 일을 하고 돌아오면 집에서 할 일이란 잠자는 것밖에 없었기 때문이다. 이런 열악한 생활환경에서 가혹하게 일하는 노동자들이 건강하지 못한 것은 당연하다. 19세기 영국 노동자계급의 평균수명은 대체로 20대 초반이었다고 하며, 그나마 여건이 좋은 공장의 노동자들은 28세였다. 중세 농노들의 삶이 비참했다고 하지만 이보다 더 비참하지는 않았을 것이다.

애덤 스미스 이후 100년이나 지났고, 더구나 세계에서 산업혁명이 가장 선진적으로 진행되었던 영국의 이 비참한 가난은 도대체 어디서 온 것일까? 혹시 산업혁명에도 불구하고 실제로 생산량이 크게 늘어나지 않은 것일까? 그렇지는 않았다. 영국은 18세기에서 19세기를 거치면서 생산량이 수십 배 증가하여 그때까지 세계에서 가장 부유한 나라였던 청나라를 따라잡기 시작했다. 그렇다면 대체 어떻게 된 영문일까? 그때 다음과 같은 물음이 곳곳에서 터져 나왔다.

"왜 사회가 진보하는데도 빈곤은 점점 더 심해지는가?"

첫 번째 대답, 가난은 인구 증가 탓이다

사회가 발전하고 생산력이 증가함에도 불구하고 점점 가난한 사람이 늘어나고 좀처럼 이들이 가난에서 벗어나지 못하는 현상에 대해 가장 먼저 강력한 해답을 제시한 사람은 토머스 맬서스Thomas Robert Malthus 1766~1834다. 그의 주장은 간단하다. 바로 인구 증가 때문이다.

"식량은 산술급수적으로 증가하는데 인구는 기하급수적으로 증가

한다."라는 유명한 말이 나오는 《인구론人口論, An Essay on the Principle of Population》 1798이 바로 그의 해답이다. 맬서스의 주장을 들어 보자.

제한을 받지 않으면 인구는 기하학적으로 늘어난다. 생활필수품은
산술적으로밖에 늘어나지 않는다. …… 예를 들어 인구는 1, 2, 4, 8, 16, 32,
64, 128, 256, 512…… 배의 비율로 늘어나고, 생활필수품은 1, 2, 3, 4, 5, 6,
7, 8, 9, 10…… 배의 비율로 늘어난다. 이런 식으로 225년이 지나면 인구와
생활필수품 간의 비율은 512:10이 되며, 3세기가 지나면 4096:13, 또 2천
년이 지나면? 그 기간 동안 생산물도 두드러지게 늘어나겠지만 인구와의
격차는 거의 계산이 불가능할 정도가 될 것이다. …… 기근은 자연이 가진
인구 억제 수단 중 최후의, 가장 두려운 수단일 것이다. …… 인류의 역사를
주의 깊게 검토한 사람이라면 다음과 같은 사실을 인정해야 하지 않을까?
인간이 존재해 왔고, 또 현재에도 존재하고 있는 모든 시대와 국가에서
인구 증가는 필연적으로 생존 수단에 의해 제한된다는 것. 또 생존 수단이
증가하면 어김없이 인구도 증가한다는 것. 그리고 불행과 악덕에 의해,
인구의 우월한 힘이 억제되어 실질적인 인구의 수가 생존 수단과 동일하게
된다는 것.

한마디로 아무리 생산능력이 증가해도 그것을 나누어 쓸 인구가 그
증가 속도를 앞질러 버리면 사람들은 점점 더 가난해질 수밖에 없다. 여
기까지는 상식적으로 이해할 수 있다. 그렇다면 문제는 어째서 생산능력
이 증가하는 속도보다 훨씬 더 빨리 인구가 증가하느냐 하는 것이다.

토머스 맬서스.

여기에 대해서 '기근은 인구 억제의 가장 두려운 수단'이라는 말이 해답이 된다. 산업혁명 이전에 인간의 생산력은 미약했고, 자연에 대한 통제력은 거의 존재하지 않았다. 따라서 사람들은 늘 생존 수단의 부족에 시달렸고, 이것이 자연스러운 인구 억제 수단이 되었다. 그런데 산업혁명 이후 사람들은 자신들의 생산능력에 대해 자신감을 가지게 되었다. 이렇게 자신감에 넘치기 때문에 생존 수단이 부족할 가능성을 염두에 두지 않게 되며, 결국 인구 억제력이 상실되고 만다.

하지만 자연의 법칙은 냉혹하게 적용되어 인간의 무분별한 인구 증가는 응징을 받게 되는데, 그 결과가 가난이다. 가난은 그 사회의 생존 수단의 범위를 넘는 인구는 어떻게든 정리될 수밖에 없다는 냉혹한 법칙의 증거다.

맬서스의 이러한 주장은 한때 많은 지지자를 불러 모았다. 이것은 특히 가난한 사람들에 대한 책임감이나 의무감으로부터 부자 및 정부 관계자를 해방시켜 주었기 때문에 더욱 환영받았다. 생산력이 발전할수록 인구는 더욱 폭증하며 가난한 사람들 역시 폭발적으로 늘어나는 것이 불가피한 결과이기 때문이다.

맬서스의 논리를 따라가면, 사회가 전체적으로 더 부유해지고 있는데 비참한 처지에 빠진 사람들이 늘어난다면, 오히려 그들에게 온정의 손길을 뻗어서는 안 된다. 그들은 **과잉인구**이기 때문이다. 설사 그들이 굶어 죽더라도 이는 자연의 인구 조절 장치가 작동하는 것이다. 가난한 사람이 늘어나는 것을 막는 유일한 방법은 그들이 자연 제거되기를 기다리면서 출산을 억제하여 인구 증가를 막는 것이다. 이 논리는 1970년대까지 살아남아서 우리나라와 중국의 산아 제한 정책이라는 형태로 나타나기도 했다. 중국에는 아직까지도 이 정책이 남아 있어서 한 명보다 많은 아이를 출산할 경우 정부의 제재를 받는다.

두 번째 대답, 가난은 지주의 착취 때문이다

맬서스의 친구이자 고전 경제학의 대가인 데이비드 리카도David Ricardo

데이비드 리카도.

1772~1823는 맬서스의 냉정한 주장에 동의하지 않았다. 리카도가 보기에 맬서스의 주장은 가난의 원인을 가난한 사람들의 무절제한 인구 증식으로 돌리는 다소 비열한 논법이었다. 리카도는 사회의 생산력이 증가함에도 불구하고 가난이 해소되지 않는 이유는 늘어난 생산력의 과실果實이 열심히 일한 사람이 아니라 엉뚱한 사람들에게 돌아가기 때문이라고 생각했다. 게다가 그 엉뚱한 사람들은 실제 생산에 전혀 기여하지 않은 사람들이라는 것이 더 큰 문제였다.

리카도가 말하는 엉뚱한 사람이란 바로 지대地代, rent 소득자다. 지대란 어떤 것을 소유하고 있거나 먼저 점거하고 있다는 이유만으로 그것을 사용하는 사람들에게 받아 내는 각종 사용료를 말한다. 이 중 대부분은 토지 등 부동산에 대한 사용료다. 그런데 리카도가 문제 삼은 것은 집, 공장, 사무실 등을 지어서 받는 임대료가 아니라 문자 그대로 땅에 대한 사용료다. 왜냐하면 집이나 사무실과 달리 땅은 자연 그대로이므로, 땅 주인^{지주}이 기여한 바가 전혀 없기 때문이다. 이 세상에 땅을 만든 사람은 아무도 없다. 그럼에도 불구하고 어떤 땅 위에 공장을 짓거나 농사를 지으려면 땅 주인에게 지대를 내야 한다.

문제는 생산의 증가로 늘어난 소득에서 지대가 차지하는 비율이 점점 커진다는 것이다. 이는 맬서스의 주장대로 생산력이 증가할수록 생존 수단이 늘어나면서 인구도 늘어나기 때문이다. 인구가 늘어나면 식량도 더 많이 필요하다. 이는 농사를 짓기 위한 땅의 수요를 증가시키며, 이것이 지대를 상승시킨다. 농토의 지대가 올라가면 집, 공장, 사무실을 짓기 위한 땅의 지대도 당연히 따라 올라간다.

결국 생산력 향상의 최종적인 귀결은 지대의 상승이며, 생산력이 향상된 만큼 늘어난 소득은 노동자도 기업가도 아닌, 아무런 일도 하지 않는 지주의 몫이 되고 만다. 인구의 증가가 빈곤의 증가와 관련이 있을 것이라는 맬서스의 통찰은 올바르다. 하지만 인구 증가 그 자체가 빈곤의 원인이 아니라 그로 인한 지대 상승이 빈곤의 원인인 것이다.

생산력이 향상될수록 농토를 빌리는 값이 올라가며 결국 식량 등 생필품 가격이 올라간다. 생산력이 향상될수록 공장 부지에 대한 지대가 올라가고, 자본가는 이윤의 상당 부분을 지주에게 바쳐야 한다. 노동자는 노동자대로 점점 비싼 집세를 내고 살아야 한다. 이렇게 돈을 버는 족족 지주들에게 다 돌아가니, 사회의 생산력이 아무리 증가해도 실제 생산에 종사하는 사람들의 생활은 중세 봉건사회나 별다를 바 없게 되는 것이다.

여기에 대한 리카도의 대책은 땅의 사용료, 즉 지대를 떨어뜨리는 것이다. 그런데 리카도는 **자유시장주의자**이기 때문에 정부가 지대를 억지로 떨어뜨리는 것은 생각하지 않았다. 그가 생각한 대책은 땅에 대한 수요를 줄이는 것이다. 그럼 자연스럽게 지대도 떨어질 것이고 생산 증가분 중 지주에게 가는 몫도 줄어들 것이다. 그 방법은 바로 **자유무역**自由貿易, 한마디로 **식량을 수입하는 것**이다.

당시 영국은 농작물의 수입을 제한하는 곡물법이 시행되고 있었다. 리카도는 이를 지주의 불로소득不勞所得을 지켜 주는 법이라고 비난하며 폐지를 요구했다. 영국이 산업화가 되면 될수록 농토는 줄어들고 산업단지가 늘어날 텐데, 식량을 수입하지 않는다면 이는 지대의 지속적인 인상 요인이 된다. 그런데 이탈리아, 스페인, 프랑스와 같은 농업국가로부터 곡물을 수입한다면 영국의 농토가 이들 나라의 농토와 비교하여 특별히 우수할 것이 없기 때문에 지대가 떨어질 수밖에 없고, 생산력의 향상분은 노동자, 기업가 등 생산계급에게 돌아간다는 것이다.

세 번째 대답, 불로소득은 모두 세금으로 징수하자

리카도보다 한 세대 뒤, 미국의 헨리 조지Henry George 1839~1897 또한 지주의 불로소득을 사회가 진보하는데도 빈곤이 심해지는 원인으로 지목하였다. 특히 헨리 조지는 이 문제를 가지고 본격적인 책을 남긴 최초의 근대 경제학자다. 그것이 바로 19세기 서양에서 성경 다음으로 많이 팔렸다는 명저 《진보와 빈곤Progress and Poverty》1879이다. 이 책의 한 대목을 들어 보자.

헨리 조지.

> ...... 나는 지나가는 트럭 운전수에게 그곳의 토지 가격이 얼마냐고 물었다. 그는 소가 쥐처럼 보일 만큼 멀리 떨어진 곳에서 풀을 뜯고 있는 소 떼를 가리키며 말하기를, "나도 정확히 알진 못해요. 다만 저쪽에 1에이커당 1,000달러에 땅을 조금 팔려는 사람이 있어요."라고 대답했다. 그 순간 내 머릿속에서 부wealth가 증가함에도 가난이 사라지지 않는 원인이 번개처럼 스치고 지나갔다. 인구가 증가함에 따라 토지 가치가 상승하므로 토지를 소유하고 있는 사람은 그 특권에 따른 대가를 지불해야 하는 것이다.

여기까지는 데이비드 리카도의 생각과 거의 흡사하다. 사회가 진보하더라도 그 진보의 혜택은 고스란히 땅값의 상승, 거기에 따른 지대의 상승으로 돌아가기 때문에 땅 주인의 배만 불려 줄 뿐이다. 그런데 헨리 조지는 토지 소유자가 그 특권에 대한 대가를 지불해야 한다는 단호한 입장을 취했다는 점에서 리카도와 다르다. 식량을 수입하여 토지의 수요를 줄이자는 것이 아니라, 토지로 벌어들인 돈을 국가가 모조리 몰수해버리자는 것이다. 그것이 바로 **지대조세**地代租稅다. 헨리 조지는 지대로 벌어들인 소득뿐 아니라 토지의 가격이 상승했을 경우에 이 상승분도 모두 세금으로 환수해야 한다고 주장했다.

그리고 헨리 조지는 노동자의 근로소득세, 기업가의 이윤에 부과되는 세금 등을 완전히 폐지하자고 주장하였다. 즉 **불로소득은 모조리 국가가 환수하고, 노력한 대가로 벌어들이는 소득에는 세금을 매기지 말자는 것이다.** 어찌 보면 이는 거의 공산주의 논리처럼 들리기도 한다.

하지만 헨리 조지가 반자본주의, 반기업주의 사상가는 아니다. 오히려 그는 기업가의 입장에서 지주를 강하게 공격하고 있다는 점에서 매우 자본주의적인 사상가다. 토지 소유자는 토지의 가치가 상승하는 데 특별히 기여한 바가 없다. 특별히 토지를 개간하지도 않았고 토지의 가치가 올라갈 만한 공사를 하지도 않았다. 반면 같은 부동산이라도 주택임대업과 같은 경우는 헨리 조지가 인정하는 소득이다. 토지 위에 건물을 지었다는 것은 가치를 높이기 위해 노력한 결과이기 때문이다.

그런데 여기서 말하는 지대는 반드시 토지 사용료만 해당되는 것이 아니다. 특별히 노력한 바 없이 다만 어떤 희소한 자원을 소유 혹은 점유하고 있다는 이유만으로 벌어들이는 소득을 모두 지대로 간주한다. 예컨대 경쟁 업체의 시장 진입을 차단한 뒤 비싼 값을 받아서 거두는 독점기업의 초과이윤 역시 일종의 지대다. 데이비드 리카도라면 독점기업이 존재하는 시장에 경쟁 업체들을 진입시켜야 한다고 주장할 것이다. 헨리 조지는 독점기업이 정상적인 시장에서보다 더 벌어들이는 초과이윤을 모두 세금으로 환수하고, 그 대신 정상적인 시장에서 생산하는 기업에게는 세금을 받지 않음으로써 독점이 특별한 이익이 되지 않게 해야 한다고 주장한다.

데이비드 리카도와 헨리 조지는 서로 다른 정책을 대안으로 내놓았지만, 이들이 공통적으로 옹호하는 계급은 바로 자본가, 즉 기업가 계급이다. 이들의 주장을 한마디로 요약하면 일하지 않고 특권을 이용하여 소득을 거두는 계층이 있기 때문에, 사회의 생산력이 증대되고 진보하는데도 빈곤이 사라지지 않거나 오히려 심화된다는 것이다.

이러한 문제의식은 결국 점점 더 많은 지지를 얻게 되었다. 그리하여 19세기 후반에는 인간이 산업을 점점 발전시켜 더 많은 부를 생산하면 결국 모든 사람이 윤택하게 살 수 있을 것이라고 믿는 사람들이 크게 줄어들었다. 즉 파이가 충분히 커진 다음에 나누면 누구는 큰 덩이, 누구는 작은 덩이를 가지게 되겠지만, 그 작은 덩이조차 작은 파이의 큰 덩이만큼은 될 것이라는 믿음이 흔들리게 된 것이다.

이렇게 생각이 바뀌면서 가난을 일종의 형벌이나 죄악으로 여겼던 사고방식도 바뀌게 되었다. 가난은 이제 사회의 구조적인 문제 때문에 발생하는, 어쩔 수 없는 문제로 인식하게 되었다. 데이비드 리카도와 헨리 조지는 지주라는 무위도식無爲徒食하는 계급의 존재, 그리고 그들의 이익을 옹호하는 정부 정책이 문제라고 지적하였다. 그래서 헨리 조지는 공산주의가 아니라 지공주의地共主義, 즉 노동과 자본의 사유는 적극적으로 보장하되, 다만 토지만 사회의 공유재로 하자는 주장을 펼치게 되었다.

그런데 과연 그럴까? 지주와 같이 지대로 무위도식하는 계급만 사라지면 산업혁명의 과실이 모든 계층에게 골고루 돌아가서 다 같이 잘살게 될까?

가장 강력한 대답, 가난을 재생산하는 사회를 바꾸자

헨리 조지와 비슷한 시대를 살았던 카를 마르크스Karl Heinrich Marx 1818~1883에 따르면 무위도식하는 계급의 유무는 중요하지 않다. 문제는 누구는 열심히 일하는 만큼 점점 더 부유해지지만, 누구는 열심히 일할수록 점점 더 가난해진다는 것이다. 특히 자본주의 경제체제에서는 자본가가 무위도식하지 않고 열심히 일하더라도 자본가와 노동자의 격차는 점점 커질 수밖에 없다는 것이다. 이는 자본주의라는 경제체제 자체의 문제이기 때문에 탐욕스러운 자본가를 제거한다고 해서 해결될 일이 아니다.

자본주의는 **자본가**기업가가 주도하는 경제체제다. 자본가는 일정한 규모의 화폐를 투자하여 상품을 생산한 뒤 그 상품을 판매하여 이윤을 획득하고자 하는 사람이다. 즉 화폐 → 상품 → 더 많은 화폐가 바로 자본주의의 생산방식이다. 결국 상품 판매 가격이 그 상품을 생산하는 데 투입한 비용보다 많아야 한다. 이때 판매한 가격에서 투입한 비용을 뺀 차액이 바로 이윤이다. 자본주의는 이윤을 추구하는 자본가에 의해 생산이 이루어지는 경제체제다.

우리가 구입하는 상품은 새료비보다 훨씬 비싼 가격을 받는다. 재료를 가공했기 때문이다. 그런데 이 비싼 가격 중 기계나 설비에 해당되는

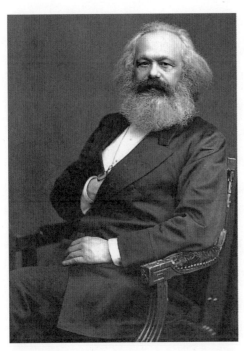
카를 마르크스.

비용은 실제로 이윤이 아니다. 언젠가 고장이 나거나 수명이 다 되어 새 기계나 설비를 구입하기 위해 따로 비축해 두어야 하기 때문이다. 예컨대 1,000원어치의 재료를 가지고 이를 가공한 뒤 1,500원을 받는다면, 여기에서 기계나 설비 교체 비용을 미리 빼 두어야 한다. 이를 감가상각비라고 하는데, 감가상각비가 300원이라고 하자. 그렇다면 순수한 이윤은 200이다. 이 200원은 어디에서 왔을까?

마르크스에 따르면 이것은 노동에서 왔다. 노동에는 신기한 속성이 있는데, 이는 자기 값어치보다 더 많은 가치를 생산할 수 있다는 것이다.

예컨대 A라는 노동자가 10시간 일했다고 하자. 그러면 그만큼 그의 몸과 마음은 소모될 것이다. 이렇게 소모된 몸과 마음은 집에서 밥 먹고 잠자고 쉬면서 회복된다. 따라서 노동을 마친 이 노동자의 몸과 마음이 평소 상태로 돌아가는 데 필요한 돈, 휴식과 식사, 그리고 다음 세대의 노동자를 생산하는 비용, 즉 자녀 양육비 등에 들어가는 돈이 노동의 원가다. 그런데 노동자는 자신의 노동의 원가보다 더 많은 생산을 할 수 있다. 하루 노동 유지비용이 3만 원인 노동자가 처음에는 10시간 동안 3만 원어치의 상품을 생산하겠지만, 점점 숙련도가 높아지면서 7시간 만에 3만 원어치의 상품을 생산할 수 있게 되는 것이다.

여기서 바로 기업가^{자본가}와 노동자의 이해관계가 충돌한다. A라는 노동자가 자신과 가족의 생계를 유지하는 데 하루에 8만 원이 필요하다고 하자. 그리고 이 노동자가 한 시간에 1만5천의 가치를 생산할 수 있다고 하자. 그럼 이 노동자는 하루에 5시간 30분 정도만 일하면 이미 자기가 받는 임금만큼의 노동은 다 한 셈이다. 하지만 자본가는 일당 8만 원을 주는 대가로 적어도 6시간 이상 일을 시키려 한다.

가령 이 노동자에게 9시간의 노동을 시켜서 13만5천 원어치의 생산이 이루어졌다고 하자. 그럼 자본가는 노동자에게 노동의 원가인 일당 8만 원을 주고, 나머지 5만5천 원을 이윤으로 챙기는 것이다. 한마디로 **자본가의 소득인 이윤은 노동자가 자신의 임금, 즉 노동력의 정당한 가격보다 더 많은 노동을 한 초과 노동의 결과다.** 따라서 자본가가 이윤을 늘리려면 노동자에게 임금보다 일을 더 많이 하게 하든가, 아니면 같은 일을 할 때 임금을 덜 주어야 하는 것이다.

물론 어떤 자본가가 매우 관대하고 동정심이 많아서 이윤을 조금만 얻기로 하고 노동자에게 일을 조금 시키거나 아니면 임금을 많이 지불할 수도 있다. 그러나 문제는 같은 시장 안에 같은 상품을 판매하는 자본가가 하나만 있는 것이 아니며, 이들은 서로 치열하게 경쟁하고 있다는 것이다. 이윤을 많이 획득한 자본가는 그 이윤을 모두 써 버리는 것이 아니라 다시 투자하기 때문에 기업의 규모가 점점 커지게 되며, 경쟁에서 점점 유리해진다. 따라서 노동자들에게 임금을 많이 주거나 일을 조금만 시킨 자본가는 얼마 지나지 않아 경쟁 업체에게 밀려날 것이다. 따라서 개별 자본가가 아무리 마음이 따뜻하고 관대하다 하더라도, 그가 자본가로서의 지위를 유지하고자 하는 한, 어쩔 수 없이 노동자에게 돌아가는 몫을 줄이고 이윤을 늘려 나가는 수밖에 없다.

따라서 자본가는 노동자에게 생계유지에 필요한 수준의 임금 이상을 지불할 이유도 여력도 없다. 임금은 어디까지나 비용에 불과하며, 기업에서 비용이란 가능한 한 최소한으로 줄여야 하는 것이기 때문이다. 따라서 한 사회의 산업이 고도로 발전하고 생산력이 매우 크게 증가하더라도 노동자에게 돌아가는 몫은 언제나 그 사회에서 생계를 유지하는 데 필요한 수준을 크게 벗어나지 않는다. 생산량의 증가분은 고스란히 기업의 이윤이 되며, 이윤은 노동이 아니라 자본을 투자한 사람들에게 돌아가거나, 더 많은 이윤을 위해 다시 생산에 재투입된다.

마르크스는 리카도, 헨리와 달리 자본주의가 발전할수록 점점 더 부자가 되는 사람들은 지주가 아니라 자본가, 기업가들이라고 주장했다. 그리고 그들은 비록 지주처럼 완전한 불로소득자는 아니지만, 생산 증대

1917년 6월 30일, 잡지 〈연대Solidarity〉에 실린 카툰. "세계를 지배할 손-하나의
큰 노동조합The Hand That Will Rule the World-One Big Union."이라는 설명이 붙어 있다.

에 자기들이 기여한 몫은 물론 노동자가 기여한 몫까지 챙김으로써 막대
한 부를 축적한다. 따라서 사회가 아무리 진보하더라도 노동자의 생활
수준은 기본적인 생계 선상에 머무르며, 당연히 "열심히 일할수록 왜 더
가난해지는가?"라는 질문을 던지게 되는 것이다.

물론 노동자가 묵묵히 주는 임금이나 받고 마는 것은 아니다. 노동
자 역시 자신의 권익을 위해 자본가와 대립한다. 이를 계급갈등, 혹은 계
급투쟁이라고 부른다. 노동자와 자본가의 갈등은 주로 노동일勞動日. working
day을 놓고 벌어지는 줄다리기다. 노동일이란 자본가가 임금을 지불할 때
하루치 일당의 기준으로 삼는 노동시간이다.

예컨대 노동일이 8시간 기준이라면 8시간 일했을 때 하루 일당이 지불된다. 만약 8시간 이상 노동을 할 경우는 하루 이상의 노동이 되기 때문에 일당 이상의 임금이 지불되어야 한다. 그런데 몇 시간 동안 일을 해야 하루치의 노동으로 인정할 것인가를 정하는 과학적인 기준은 없다. 이는 순전히 정치적인 문제, 즉 노동자와 자본가의 협상력의 문제다. 노동자의 힘이 세다면 매우 적은 시간을 노동해도 하루치 일당이 지불될 것이다. 노동자의 힘이 약하다면 매우 많은 시간 노동을 해야 겨우 하루로 간주될 것이다.

그런데 마르크스에 따르면 이 힘겨루기에서 노동자들이 이기기란 대단히 어렵다. 그 이유는 다음과 같다.

노동자들이 자본가 없이 버틸 수 있는 기간보다 훨씬 오랜 시간 동안 자본가는 노동자 없이 버틸 수 있다. 이는 상식에 가깝다. 노동자가 자본가와 힘을 겨룰 때 동원할 수 있는 가장 강력한 무기는 파업이다. 그런데 파업 기간에는 생산이 중단될 뿐 아니라 임금도 중단된다. 생산이 중단된 공장의 자본가와 임금이 끊어진 노동자 중 더 오래 버틸 수 있는 쪽이 이기는 게임이다. 그런데 노동자들의 임금은 생계 수준에서 크게 벗어나지 않기 때문에 충분히 비축된 생활 자금이 있는 경우는 드물다. 따라서 노동자는 며칠만 임금이 끊어져도 즉시 생존의 위기에 처한다. 반면 자본가는 이미 축적된 자산이 있기 때문에 당분간 소득이 없어도 버틸 수 있으며, 대개의 경우 자본가는 기업 이외에도 임대료나 이자와 같이 소득을 거둘 수 있는 방편이 있다.

노동자는 남아돈다. 즉 일자리에 비해 일하고자 하는 노동자는 항상 넘치며, 현재 일하고 있는 노동자의 자리를 넘보는 실업자들이 존재한다. 마르크스는 이 실업자들을 산업예비군이라 불렀는데, 이는 자본가들이 현재 일하는 노동자들 대신 언제든지 불러다 쓸 수 있는 사람들이라는 뜻이다.

노동자가 열심히 일할수록 그들을 불리하게 만드는 사회체제가 공고해진다. 예컨대 노동자가 아주 열심히 일해서 부를 많이 생산할수록, 노동자의 임금보다는 자본가의 이윤이 늘어나며, 결과적으로 자본가가 노동자의 파업에 맞설 수 있는 힘을 키워 준다. 또 노동자가 열심히 일할수록 자본주의적 질서가 점점 강력해지며, 주변의 모든 사물 세계는 물론 노동자 자신조차 철저하게 상품화된다. 마르크스의 말을 빌리면 "노동자가 상품을 더 많이 생산할수록 노동자가 가질 수 있는 것은 점점 더 적어지며, 노동자는 점점 자신이 생산한 상품들, 즉 자본의 지배 아래 있게 된다."

계급 간의 갈등이 발생했을 때 공정한 심판의 역할을 해야 할 정부나 법도 자본가에게 유리한 결정을 내릴 가능성이 크다. 이는 민주주의라 해도 마찬가지다. 오늘날의 민주주의는 대표를 선거로 선출하는 대의정치가 일반적이다. 그런데 대표가 되겠다고 선거에 나서는 사람들 자체가 노동자계급보다는 자본가계급에 가까운 여유 있는 사람들인 경우가 많다. 또 민주주의 정부와 입법부는 여론에 민감하게 반응한다. 그런데 여론을 형성할 수 있는 영향력 역시 노동자계급보다는 자본가계급이 훨씬 강하다. 특히 오늘날 여론을 주도하는 대중매체 그 자체가 이미 대자본의 지배를 받는 경우가 많다. 따라서 정부나 법이 두 계급 사이에서 공정한 위치를 지키기란 쉽지 않다. 이를 반증하듯 19세기 중반까지 대부분의 나라에서는 노동조합을 설립하는 것이 법으로 금지되었다.

이런 여러 이유로 노동일을 놓고 벌어지는 노동자와 자본가의 힘겨루기에서 노동자가 이기는 경우는 매우 드물다. 12시간이던 노동일이 8시간으로 줄어든 것도 미국의 노동자들이 경찰의 총에 맞아 죽어 가면서 격렬하게 투쟁한 결과이지 거저 주어진 것이 아니다. 오늘날에는 미국 노동자들이 목숨 걸고 8시간 노동제를 쟁취한 날인 5월 1일을 노동자의 날메이데이로 기념하고 있다. 하지만 12시간에서 8시간으로 줄어든 노동일은 이후 100년이 넘도록 줄어들지 않았다. 오히려 1990년대 이후 비정규직이 늘어나고 노동조합의 힘이 약해지면서 뒤로 후퇴할 조짐까지 보이고 있다.

그렇다면 이 문제를 어떻게 해결할 것인가? 마르크스가 제안한 해결책은 리카도나 헨리에 비해 훨씬 격렬하며 혁명적이다. 리카도는 곡물의 수입을 통해, 헨리는 지대에 대한 과세를 통해 지주계급의 이익을 환수함으로써 커지는 빈부 격차를 해결할 수 있다고 주장했다. 그러나 마르크스는 지주가 아니라 자본가가 문제라고 하였으며, 자본가와 노동자의 이해관계가 상충되는데, 이는 개별 자본가·노동자의 문제가 아니라 자본주의라는 생산양식의 문제라고 주장하였다. 따라서 이 문제는 자본가계급의 이익을 환수하여 노동자에게 분배하는 정도로는 해결되지 않으며, 이윤을 위한 생산, 즉 자본주의 체제가 폐지되어야만 해결될 수 있다.

그런데 자본주의를 통해 이윤을 거두고 있는 자본가가 자본주의의 폐지에 동의할 턱이 없다. 게다가 그들에 의해 국가가 움직이고 있다. 따라

1882년 뉴욕 노동자의 날 가두 행진. 미국 노동자들이 목숨을 걸고 싸워서
8시간 노동제를 쟁취한 날인 5월 1일을 오늘날 노동자의 날로 기념하고 있다.

서 자본주의의 폐지는 거대한 혁명이 아니고서는 불가능하며, 이 혁명은
노동자계급이 하나의 정치적 계급으로 단결하여 봉기할 때만 가능한 것이
다. 이렇게 노동자계급이 봉기하여 자본가를 타도하는 것을 마르크스는
'프롤레타리아 혁명proletariat 革命'이라고 불렀다. 이렇게 자본가가 소유하고
있던 생산수단을 사회의 공유재로 만드는 경제체제를 '사회주의社會主義'라
고 한다. 즉 사회가 진보하는데도 불구하고 점점 심각해지는 가난을 해결
하는 마르크스의 해법은 프롤레타리아 혁명에 의한 사회주의로의 체제
변혁이다.

　　하지만 마르크스는 자본주의에서 사회주의로 넘어가는 과정이 반
드시 유혈혁명을 동반한다고 보지는 않았다. 자본주의 경제가 고도로

발전한 사회, 예컨대 미국이나 영국에서는 혁명을 수반하지 않고서도 사회주의로의 전환이 가능하리라고 보았다.

가난은 나라님이 고칠 수 있다

"사회는 진보하는데, 그리고 게으름 피우지 않고 열심히 일하는데도 어째서 빈곤한 사람들이 그 굴레에서 벗어나지 못하느냐."는 질문에 대한 다양한 대답들을 살펴보았다. 서로 다른 원인과 대책을 내놓고 있지만 공통점은 결국 가난이 개인의 능력이나 성실성의 문제가 아니라 사회적인 문제라는 것이다. 사실 이 질문이 있기 전에 가난은 순전히 개인의 문제로 여겨졌다. "가난은 나라님도 어쩔 수 없다."라는 속담도 있지 않은가.

하지만 "왜 사회가 진보하는데도 빈곤은 점점 더 심해지는가?"라는 질문 이후, 이 속담은 "가난은 나라님이 고칠 수 있다."로 바뀌어야 할 처지가 되었다. 서로 목적과 방법은 다르지만 나라가 가난을 해결하기 위해 여러 가지 노력을 했기 때문이다. 맬서스의 생각을 따른 사람들은 가난을 퇴치하기 위해 강력한 산아 제한 정책을 실시해야 한다고 주장하였다. 리카도의 생각을 따른 사람들은 국내의 경제적 특권층의 독점이윤, 지대를 무위로 돌리기 위해 전 세계적인 자유무역의 확대를 주장하였다. 헨리 조지의 생각을 따른 사람들은 일하지 않고 벌어들이는 소득에 대해 고액의 세율을 부과하라고 요구하였다. 그리고 이러한 목소리들은 오늘날 이른바 선진국이라 불리는 나라들에는 거의 다 적용되고 있다.

하지만 가난을 고치기 위해 나라 자체를 뜯어고쳐야 한다고 외쳤던 마르크스의 주장은 오늘날 상당한 난관에 부딪치고 있다. 1917년 러시아 혁명 이래 도미노처럼 일어난 혁명으로 사회주의를 대내외적으로 표방했던 나라들이 모두 뼈저린 실패를 경험하고 역사 속으로 사라져 버렸기 때문이다. 공식적으로는 아직도 사회주의를 표방하는 나라인 중국, 베트남은 사실상 자본주의 경제체제에 편입되었고, 사회주의를 고집하는 지구상의 두 나라, 북한과 쿠바는 극심한 빈곤에 시달리고 있다.

한편 가난을 해결하기 위해 나라 자체를 뜯어고치려는 또 다른 노력들은 아직도 계속되고 있다. 프롤레타리아 혁명 대신 노동자의 이해를 대변하는 정당이 선거를 통해 의회에 진출하는 방식이 그것이다. 선거를 통해 사회주의적 정책을 구현하려는 것을 사회민주주의社會民主主義, 줄여서 사민주의라고 한다. 혁명이 아니라 민주주의를 통해 사회주의에 이른다는 뜻이다.

사민주의 정당들은 누진세累進稅와 복지 정책을 내세웠다. 누진세제는 소득이 높아질수록 납부해야 할 세금이 기하급수적으로 늘어나는 것을 말한다. 소득이 높아질 경우 세금뿐 아니라 세율도 높이는 것이다. 예컨대 월 소득 100만 원인 사람의 세율이 3퍼센트라면, 월 소득 1억 원인 사람의 세율은 30퍼센트로 높이는 것이다. 따라서 100만 원을 버는 사람은 3만 원을, 1억 원을 버는 사람은 3천만 원의 세금을 납부하도록 하는 방식이다.

이렇게 납부한 세금으로 복지 정책을 실시한다. 복지 정책이란 가장 가난한 사람들까지도 인간적인 삶을 누릴 수 있도록 국가가 기초적인 생계비는 물론, 의료·보건·교육·문화와 같이 삶의 질을 높일 수 있는 다양한 서비스를 제공하는 것이다. 이런 혜택을 모든 국민, 특히 가난한 국민이 누릴 수 있고 그 재원이 부유층의 세금에서 충당된다면 결과적으로 국가가 나서서 빈부격차를 감소시킨 셈이 된다. 이렇게 되어야 자본주의 사회의 가난한 노동자가 아프리카의 왕보다 윤택한 삶을 누릴 수 있다는 애덤 스미스의 말이 거짓말이 아니게 되는 것이다.

엄친아 마르크스

노동자들의 혁명, 그리고 평등한 사회주의를 꿈꾼 카를 마르크스라면
가난한 집안에서 태어나 부자들에 대한 증오심 속에 살았을 것 같지만,
실상은 정반대다.

　　마르크스는 부유한 변호사의 아들로 태어나 베를린 대학
법과대학에 진학한, 이른바 엄친아였다. 도중에 그는 법학에서 철학으로
전공을 바꾸었는데, 어차피 생계 걱정은 전혀 하지 않아도 되는
신분이었기 때문에 집안에서도 별 반대가 없었다. 그리고 그는 소년
시절부터 사랑했던 예니 폰 베스트팔렌과 결혼했는데, 이름에 붙은
'폰von'에서 알 수 있듯, 예니는 베스트팔렌 남작의 딸, 즉 귀족 아가씨였다.
베스트팔렌Westphalen 남작은 국왕의 자문까지 맡을 정도로 신분이 높은
귀족이었다.

　　마르크스는 나중에 영국에서 망명 생활을 하면서 진짜 가난을
경험한다. 하지만 그의 가족, 특히 처갓집은 가난이 무엇인지 전혀 몰랐기
때문에 "생활이 어려우니 도와달라."는 편지를 받고 일손이 부족한
것으로 여겨 돈이나 생필품이 아니라 하녀를 보내 주었다. 먹을 것도
모자라는 판에 하녀까지 책임져야 했을 마르크스의 황당한 얼굴이 눈에
선하다.

프리드리히 엥겔스와 마르크스의 가족 사진. 엥겔스, 마르크스,
마르크스의 세 딸이 함께하고 있다.

심지어 그의 절친이자 동료 혁명가인 프리드리히 엥겔스Friedrich
Engels 1820~1895 역시 거의 재벌 수준의 부자였다. 그 역시 가난을 제대로
경험하지 못했기에, 크리스마스가 되었는데도 너무 어렵다는 친구의
푸념을 듣고 근사한 크리스마스트리와 와인 바구니를 선물하였다.
마르크스가 원한 것은 당장의 생필품이었는데 말이다.

하지만 마르크스 본인도 젊은 시절부터 몸에 밴 귀족적 생활 습관은
어쩔 수 없었던 모양이다. 가난으로 배를 곯던 시절 거금이 들어오자, 그
돈으로 식량을 구입한 것이 아니라 덜컥 피아노를 구입했던 것이다.

여섯 번째 물음: 인간은 얼마나 쉽게 악마가 될 수 있는가

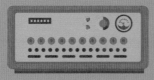

여름방학이 시작되면 어김없이 슈퍼히어로 영화가 스크린을 장식한다. 대부분의 슈퍼히어로 영화는 매우 단순하다. 막강한 악당이 있고 여기에 무력하게 당하는 선량한 시민들이 있고 역시 막강하지만 선을 위해 싸우는 영웅이 있다.

그런데 〈배트맨BATMAN〉은 이런 단순한 구조를 흔들었다. 배트맨은 분명 슈퍼히어로이며 악당과 싸우지만, 때로 그가 싸우는 것이 선을 위해서인지 자신의 막강한 힘을 즐기기 위해서인지 모호하다. 상대가 악당이라는 이유로, 또 자신이 더 강하다는 이유로, 마음대로 할 수 있게 될 때에도 과연 선량함이 유지될 수 있을까? 어쩌면 사람은 상황에 따라 언제든지 악마가 될 수 있는 것은 아닐까? 나와 악당의 차이는 의외로 백지 한 장에 불과하거나 다만 주어진 상황 탓은 아닐까?

1961년 4월 11일 예루살렘에서 나치Nazi 전범 아돌프 아이히만Adolf Eichmann 1906~1962의 공개재판이 열렸다. 아이히만은 나치 친위대SS의 중령으로 아우슈비츠에서 수많은 유태인을 학살한 실무 책임자였다. 전쟁이 끝난 후 도주하여 뉘른베르크 전범재판에 회부되지 않았는데, 15년이나 남미에서 숨어 지내다가 마침내 체포된 것이다. 많은 사람 특히 유태인 지식인들은 이 살인마의 재판을 보기 위해 몰려들었다.

그런데 희대의 살인마라고 알려진 아이히만은 너무도 평범한, 심지어 선량하기까지 한 모습이었다. 익히 알려진 것처럼 나치 시절의 표독스러운 모습은 온데간데없었다. 이 재판을 관찰한 유태계 철학자 한

아돌프 아이히만. 나치 전범 아이히만이 수감된 후 감옥 안의 뜰을 걷고 있다.

나 아렌트Hannah Arendt 1906~1975는 그의 명저 《예루살렘의 아이히만Eichmann in Jerusalem》1963에서 이를 '악의 평범성Banality of Evil'이라고 명명하였다. 인류 역사상 가장 참혹한 범죄이자 학살은 사악한 살인마가 아니라 지극히 평범한 사람의 손에 의해 자행된다는 것이다.

이는 나치의 살인마들에 의해 학살이 자행되었다는 사실보다 훨씬 더 큰 두려움을 가져왔다. 평범한 보통 사람도 어떤 조건에서는 너무도 쉽게 악마가 될 수 있다는 뜻이기 때문이다. 여기서 아렌트는 몇몇 전쟁 범죄자, 미치광이에게 참사의 책임을 뒤집어씌우려는 태도에 반대하면서 우리 모두에게 무거운 질문을 던졌다.

"인간은 얼마나 쉽게 악마가 될 수 있는가?"

그리고 그는 또 다른 명저 《전체주의의 기원The Origins of Totalitarianism》1951에서 "매 순간 성찰하고 상상할 수 있는 능력이 없다면 우리는 모두 잠재적인 나치들이다."라고 단언하였다. 우리는 정말 그렇게 쉽게 악마가 되는 것일까?

우선 아우슈비츠에서 어떤 참상이 일어났는지 살펴보자. 엄밀히 말하면 대량 살상이 일어난 수용소가 아우슈비츠에만 있었던 것도 아니고, 또 그곳에서 학살된 사람들이 유태인만이었던 것은 아니지만, 그 규모로 보나 충격으로 보나 아우슈비츠는 학살을 대표하는 곳이다.

아우슈비츠Auschwitz는 나치 독일이 세운 강제수용소가 있던 마을이다. 하지만 오늘날 아우슈비츠라고 하면 누구나 폴란드 바르샤바에서

약 300킬로미터 떨어진 곳에 있는 시골 마을이 아니라 죽음의 수용소를 떠올린다.

이 수용소는 유태인, 로마인, 옛 소련군 포로주로 정치장교, 정신 질환이 있는 정신장애인, 동성애자, 기타 나치즘에 반대하는 자들, 한마디로 나치에 방해가 되는 사람들을 닥치는 대로 수용하던 곳이다. 이곳에서 수용자들은 가혹한 강제 노동에 시달렸으며, 노동 능력이 없는 사람들은 가차 없이 살해되었다. 1945년까지 약 600만 명이 이곳에서 살해당했다고 추정된다.

이 수용소는 1940년 6월, 나치에 항전하던 폴란드 양심수 728명을 수용하면서 문을 열었다. 이후 나치에 저항하던 폴란드인 15만 명이 이곳에 수용되었으며, 그중 절반이 목숨을 잃었다. 1941년 9월, 독가스실이 설치되면서 체계적으로 수용자들이 학살당하기 시작했다. 독가스실은 한 번에 약 2,000여 명을 즉사시키는 무섭도록 효율적인 학살 도구였다.

수용자들은 수용소에 도착하자마자 선별되었는데, 노동력이 없는 노인과 여성, 그리고 어린이들은 수용소에 끌려오자마자 바로 독가스실로 보내졌다. 독가스실은 대개 샤워실의 모양을 하고 있었는데, 나치는 학살 피해자들에게 이곳을 샤워실이라고 속여 옷을 벗게 한 뒤, 문을 잠그고 다량의 독가스를 불어넣어 단숨에 학살했다. 학살이 끝나면 이들은 바로 옆에 있는 시체 소각로로 보내져 불태워졌다. 하루에 약 1,500구에서 2,000구까지 시체가 소각되었는데, 희생자들의 상당수는 유태인들이었다. 유럽에 거주하는 유태인의 절반 이상이 이곳에서 목숨을 잃었다. 그 외에도 많은 수의 폴란드 양심수, 옛 소련군 포로, 집시Gypsy 민족 등도 이

1944년 5월 또는 6월 아우슈비츠. 사람들은 수용소에 도착하자마자 선별되었다.
노동 능력이 없다고 판단되는 노인과 여성, 어린이는 곧바로 독가스실로 보내졌다.

곳에서 학살되었다. 이 정도면 얼마나 참혹한 일이 일어났는지 이해하는데는 충분할 것이다.

그런데 아우슈비츠에서의 학살이 과장되었다는 주장도 있다. 학살된 사람이 600만 명이 아니라 110만 명이라는 것이다. 하지만 한 장소에서 무고한 사람들이 학살당하는 상황인데, 희생자가 600만 명이 아니라 110만 명이라고 해서 충격이 반감되는 것은 아니다. 무력한 민간인을 가스로 몰살시킨 뒤 그 시신을 소각해 버리는 참혹한 학살은 변함없는 것이다.

너무도 합리적이고 과학적인 대량 학살

하지만 유럽 역사에서 대량 학살이 이것만 있었던 것은 아니다. 종교전쟁이 한창이던 시절에는 이보다 훨씬 참혹한 학살도 있었다. 그럼에도 불구하고 아우슈비츠를 인류 문명 최악의 참변으로 기록하는 까닭은 이 참혹한 학살이 냉정하고 합리적이고 과학적으로, 즉 문명의 방식으로 이루어졌기 때문이다. 더욱이 냉정하고 차분하기로 유명한 독일인들에 의해 저질러졌기 때문이다.

서양 근대 문명의 핵심은 이성이다. 그리고 독일인들은 서양에서도 가장 이성적인 사람들로 알려져 있었다. 심지어 매사에 너무 이성적이라 인간미가 없다는 평을 듣는 사람들이 독일인들이다. 말하자면 서양 근대 문명의 모범생인 셈이다. 서양 근대 음악은 헨델과 바흐, 베토벤을 거치며 완성되었다. 모두 독일인이다. 서양 근대 철학의 출발점은 데카르트의 프랑스였으나 완성된 곳은 칸트와 헤겔의 독일이었다. 또 서양 근대 문명의 핵심인 수학과 과학의 발전 과정에도 독일인들의 기여는 압도적이었다.

만약 프랑스, 이탈리아, 러시아 같은 나라에서 유태인 학살이 일어났다면 서양인들은 저 나라 사람들은 원래 잘 흥분하고 잘 싸우니까, 하며 넘어갈 수도 있다. 실제로 이들은 역사적으로 성난 군중들이 충돌하고 죽고 죽인 사례가 많은 나라들이다. 게다가 이들 나라는 유태인들에 대한 혐오 범죄나 차별도 독일에 비해 심했다. 나치에 의해 수백만 명이나 희생될 정도로 유태인들이 독일에 많이 몰려 있었던 까닭은 역설적이게도 독일이 유태인에 대한 차별이 가장 적은 나라이기 때문이었다. 17세기 이래 독일인들은 유태인들이 가톨릭이나 개신교로 개종할 경우 유태인이 아니라 독일인으로 포용했다. 아우슈비츠에서 목숨을 잃은 유태인들 중 상당수도 나치가 등장하기 전까지는 자신을 독일인으로 알고 있었으며, 유태인으로서의 정체성은 거의 갖지 않았다.

그런데 이런 참혹한 행위가 유태인에게 가장 관대했던 나라, 서양 근대 문명의 모범생임을 자랑하는 나라에서 일어난 것이다. 더구나 이 학살은 관동대지진 때의 조선인 학살과 같이 민중들의 폭동이나 소요 중에 폭발한 것도 아니었다. 정부의 지침에 따라 정확하고 체계적으로 이루어졌다. 이 모든 학살의 과정이 정확한 절차에 따라 냉정하게 집행된 것이다.

수용소에 끌려온 포로들은 정확한 기준에 따라 즉시 살해할 대상, 적당히 노동시키다 살해할 대상, 그리고 상당 기간 살려 두어야 할 대

뉘른베르크 전범재판에 소환된 피고들. 앞줄 왼쪽 끝에 헤르만 괴링Hermann Göring이 앉아 있다.

상 등으로 분류되었다. 이렇게 체계적으로 분류된 포로들은 역시 체계적
이고 정확한 절차에 따라 근대 과학 문명의 도구에 의해 체계적으로 학
살되었다. 가스실 입장, 가스 살포, 시신의 소각에 이르는 과정이 차근차
근 진행되었으며, 살해를 담당하는 군인이나 공무원의 심리적 반발을 막
기 위해 가스 살포는 가스실이 보이지 않는 곳에 스위치를 두고 작동시
켰다. 수백만 명이 목숨을 잃었음에도 불구하고 이 과정에서 직접적으로
손에 피를 묻힌 사람은 아무도 없다. 학살의 과정은 세부적인 절차로 나
뉘어졌고, 다들 그중 한 부분만을 기계적으로 반복할 뿐이었다. 그래서
전쟁이 끝난 후 학살 책임자들의 죄를 추궁했던 뉘른베르크 전범재판에
서 학살 가담자들은 한결같이 "다만 명령과 절차를 이행했을 뿐이다."라

고 대답했던 것이다.

예를 들면 이렇다. 하인츠라는 군인은 포로들의 줄을 세우는 일만 했다. 하인리히라는 공무원은 포로들을 신체 상태, 나이, 성별 등에 따라 분류한 뒤 각각 규정된 장소로 이동시켰다. 프란츠라는 군인은 이 중 살해될 포로들을 가스실에 들어가게 한 뒤 문을 닫았다. 카를이라는 군인은 스위치를 올렸다. 이 중 누구도 누군가를 직접 죽인 사람은 없다. 그러나 이들은 결과적으로 살인마들이다. 이들은 정말 자기가 담당한 그 작은 행동이 모여서 학살이라는 만행이 된다는 것을 몰랐을까? 아니, 잘 알고 있었다.

바로 여기에 대해 많은 사람이 의문을 가졌다. 아무리 명령과 절차라고 해도, 수많은 사람을 죽이는 일임을 알면서 어떻게 그렇게 행동할 수 있었을까? 더구나 전범재판에 끌려온 학살자들은 대부분 평범한 사람이었다. 여기에서 독일 출신 유태인 철학자 한나 아렌트는 '악의 평범성'이라는 개념을 만들어 냈다.

이들은 악당이다. 특별히 사악해서 악당이 아니라 당장 눈앞에 고통받는 사람의 모습이 보이지 않으면, 가스실 안에 있는 사람들이 어떤 고통을 받는지 상상할 수 없기 때문에 악당이다. 악당이란 특별한 사람이 아니라, 다만 둔감한 정서와 빈약한 상상력의 소유자, 자기가 하는 일이 어떤 결과를 가져올지 성찰하지 않거나 할 수 없는 사람이다. 이런 사람들은 권위자의 명령에는 맹목적으로 복종한다. 그것이 매우 악한 일이라 할지라도.

하지만 이것은 어디까지나 철학자의 논변이었고 많은 과학자, 특히 심리학자들은 이런 주장에 반신반의했다. 아무리 명령이고 절차라고 해도 수백만 명을 죽일 수도 있는 일인데, 저 평범한 관료들이 정말 아무 생각 없이 그 잔인한 행위를 저질렀을까? 사람은 정말 그렇게 쉽게 악마의 명령에 복종하는 것일까?

1961년 미국 예일 대학의 부교수였던 밀그램Stanley Milgram 1933~1984은 사람이 정말 그렇게 나쁜 일임을 알면서도 권위에 복종하는지 실험을 통해 확인하고자 하였다. 그리고 그 실험의 결과는 놀라웠다. 평범한 사람은 권위를 가진 사람의 명령에 의외로 쉽게 복종하며, 그중 상당수는 그 명령이 잔혹한 것이라 할지라도 복종한다는 사실을 밝혀낸 것이다.

이 실험은 피실험자들을 교사와 학생으로 역할을 나눈 뒤, 학생 역할을 맡은 사람이 문제를 풀지 못할 때마다 교사 역할을 맡은 사람이 전기 충격을 가하는 방식으로 이루어졌다. 물론 실제로 전기는 통하지 않았고, 학생 역할을 맡은 사람은 밀그램과 약속이 된 배우들로 전기 충격을 받는 연기를 한 것이다. 밀그램은 틀리는 횟수가 늘어날 때마다 전기 충격의 강도를 15볼트씩 높이도록 요구했다. 학생이 문제를 틀릴 때마다 교사는 점점 전압을 높였고 그때마다 학생은 점점 더 고통스러워하는 연기를 했다. 마침내 치명적일 수 있는 450볼트에 다다르자 피실험자들은 차마 스위치를 올리지 못하고 주저했다. 이때 밀그램은 흰색 가운을 입고 전압을 올릴 것을 강요했다. 그러자 놀랍게도 65퍼센트의 피실험자가 450볼트까지 전압을 올렸다. 즉 65퍼센트의 사람들이 권위를 가진 사람의 지시에 복종하여 다른 사람에게 엄청난 고통을 주고 생명에 위협이 될 수 있는 행위를 한 것이다.

이 실험은 많은 사람에게 충격을 안겨 주었다. 그리고 밀그램 자신도 비윤리적인 실험을 했다 하여 대학에서 쫓겨났다. 하지만 이 실험이 가진 의의는 결코 적지 않다.

그로부터 10년 뒤 스탠퍼드 대학의 심리학 교수 짐바르도Philip George Zimbardo 1933~가 스탠퍼드 감옥실험Stanford Prison Experiment, SPE이라는 좀 더 정교한 실험을 실시했다. 훗날 〈익스페리먼트The Experiment〉2001, 2010라는 영화의 소재가 된 이 실험은 다음과 같이 진행되었다.

대학생 24명을 선발했다. 이들은 심리적으로 안정되고 육체적 및 정신적 장애가 없으며, 과거 범죄나 약물 남용 이력이 없고, 중산층 가정 출신의 좋은 교육을 받은 남자 대학생들이었다.

이들을 죄수 역할과 교도관 역할로 나누었다. 특별히 지배적 성향이 강한 학생이 교도관 역할을 맡는 것을 막기 위해 희망이 아니라 무작위로 정했다. 그리고 실제로 스탠퍼드 대학 심리학과 건물 지하에 감옥과 같은 시설을 지어서 이들을 그곳에서 생활하게 하였다. 즉 죄수 역을 맡은 학생은 정말 감옥에 감금되었고, 교도관 역을 맡은 학생은 이들을 감시하고 감독하였다. 수감 기간은 총 2주일이었고, 짐바르도 자신은 교도소장 역할을 맡았다. 실험 참가자들 중 교도관 역을 맡은 사람은 무기(나무 곤봉)와 가짜 교도관 옷을 받았다. 수감자들에게는 그들이 끊임없이 불편하도록 크기가 맞지 않는 겉옷을 입히고 머리에는 스타킹을 씌웠다. 교도관들은 수감자들을 이름 대신 옷에 박힌 그들의 고유 번호로 불렀다.

그런데 실험은 눈 깜짝할 새에 통제 범위를 벗어났다. 교도관들은 어느새 수감자들에게 굴욕적인 대우와 가학적인 행위를 하기 시작했다. 수감자들은 괴로워했고 불과 실험 이틀 만에 반란이 일어났다. 교도관들은 실험이라는 것을 잊어버린 듯, 소화기로 수감자들을 공격해서 반란을 진압했다. 교도관들은 기합을 주거나, 생리적 현상을 못 하도록 만들거나, 매트리스를 빼앗아서 콘크리트 위에서 재우는 등의 벌을 주기도 했다. 심지어 몇몇 수감자들은 벌거벗은 채로 다니도록 강요받기도 했으며 성적 모욕을 당하기도 했다.

심지어 짐바르도 자신도 실험에 점점 몰입하여 정말 교도소장처럼 행동하기 시작했다. 실험이 진행되면서 몇몇 교도관들은 폭력적으로 변했다. 급기야 짐바르도의 여자 친구인 크리스티나 마슬락^{Christina Maslach} 1946~ 이 이 실험에 초대받았고 감옥의 엄청난 실상을 본 후 당장 이 실험을 그만두라고 짐바르도에게 얘기하고서야 실험이 끝났다. 짐바르도는 이 감옥실험에 초대받은 50명 이상의 사람 중에 도덕에 대한 질문을 던진 사람은 마슬락 한 사람뿐이었다고 밝혔다. 2주 동안 진행할 것으로 예상되었던 스탠퍼드 감옥실험은 불과 6일 만에 끝났다.

스탠퍼드 감옥실험은 밀그램의 실험보다도 더 큰 충격을 안겨 주었다. 실험에 참가한 사람들은 모두 건전하고 지적인 청년들이었다. 그럼에도 불구하고 그들은 교도관과 수감자라는 지위가 주어지자 거기에 맞게 행동했다. 교도관을 맡은 학생들은 정말 교도관처럼 행동하면서 수감자의 신체를 폭력적으로 지배하려 하였다. 수감자를 맡은 학생들은 약간의 저항이 무위로 끝나자 정말 수감자처럼 무기력하게 교도관의 폭력과 모욕에 순응하였다. 심지어 실험을 주관한 짐바르도조차 어느새 교수가 아니라 교도소장처럼 생각하고 행동했다. 이 모든 변화는 단 6일 만에 일어났다. 원래 계획대로 실험이 2주간 계속되었다면, 어떤 끔찍한 일이 일어났을지 모른다.

실험 상황에서도 이러한데, 이들이 진짜 권력자, 진짜 군인, 진짜 포로였다면 과연 어떠했을지 상상하기란 어렵지 않다. 누구도 아우슈비츠에서 자유롭지 않은 것이다. 이 실험은 아우슈비츠 같은 수용소에서 유태인과 포로들에게 가해진 비인간적인 만행은 물론, 이들의 만행에 묵묵히 순종하며 저항 없이 죽음의 행렬을 이루었던 유태인과 포로들까지도 이해하게 해 주었다. 권위적인 상황, 억압적인 상황에서 인간은 가해자, 피해자를 막론하고 매우 빨리 그 상황에 동화된다. 이러한 실험 결과는 나치 전범들을 도덕적으로 단죄하는 일이 그리 간단한 일이 아님을 보여 주었다.

가장 합리적인 문명이 가장 야만적이 된 까닭은

짐바르도, 밀그램 등 심리학자들은 평범한 사람이 너무도 쉽게 악마가 될 수 있다는 인간의 심리적 취약성을 잘 보여 주었다. 하지만 여전히 문제는 왜 하필 독일이었냐는 것이다. 그리고 그 학살 과정이 스탠퍼드 실험처럼 광기 어리고 난폭한 방식이 아니라 철저히 합리적이고 과학적으로 이루어졌다는 것을 어떻게 설명하느냐는 것이다.

아우슈비츠의 충격에서 간신히 벗어난 독일 출신의 유태계 사회

막스 호르크하이머(왼쪽)와 테오도어 아도르노(오른쪽).

학자 막스 호르크하이머^{Max Horkheimer 1895~1973}와 테오도어 아도르노^{Theodor}
^{Wiesengrund Adorno 1903~1969} 역시 이 문제를 파고들었다. 그리고 그 결과로 이
문제에 대해 가장 영향력 있는 저작이라고 할 수 있는 《계몽의 변증법
^{Dialektik der Aufklaerung}》¹⁹⁴⁴이 탄생했다. 이 책에서 호르크하이머와 아도르노는
**아우슈비츠의 학살을 문명에서 벗어난 야만적 사건이 아니라 오히려 이성
과 과학에 기반한 서양 근대 문명의 귀결**이라는 우울하면서도 놀라운 견
해를 보여 주었다. 유럽에서도 특히 과학과 이성이 발달한 독일에서 이
참사가 일어난 까닭이 바로 여기 있다는 것이다.

그렇다면 근대 문명의 어떤 점이 이런 참사의 원인이 된 것일까? 그
것은 도구적 이성에 지나치게 치우친 근대 문명의 속성 때문이다. **도구**

적 이성이란 대상을 분류하고 계산하고 논리적 관계를 따지는 이성의 능력이다. 이성의 또 다른 능력은 **객관적 이성으로 주체의 관심과 별개로 인간이 추구할 목적이나 목표가 무엇인지 추구하는 이성이다.** 그런데 계몽의 시대 이후 인간은 객관적 이성 대신 도구적 이성에 치우친 삶을 살게 되었다. 도구적 이성은 인간이 살아가는 목적이 무엇인가 따위에 관계하지 않는다. 다만 주어진 목적에 가장 적합하고 효율적인 수단을 찾아내는 데 주력할 뿐이다. 도구적 이성이 관심을 갖는 것은 오직 자기 이익, 그리고 자기 이익을 달성하는 데 필요한 수단뿐이다.

도구적 이성이 정점에 이른 문명이 바로 근대 자본주의다. 자본주의에서 대부분의 사람은 부를 추구한다. 종교의 영향력이 강하던 시절에는 지나친 부를 경계하면서 다른 삶의 목표를 강조하기도 했지만, 근대 자본주의 사회에 들어서면서 부를 제외한 다른 목표는 거의 사라졌다. 사람들은 사실상 부를 삶의 목표로 삼았다.

그런데 사람들은 부의 목적이 무엇인지, 부를 어떻게 사용해야 하는지 따위는 생각하지 않는다. 지금도 "돈 벌어서 뭐 할 건데?"라는 물음에 가치 있는 대답을 할 수 있는 사람은 많지 않다. 부만을 추구하는 삶이 타당한지에 대해서도 사유하지 않는다. 부를 추구하는 것 외에 무엇이 인생의 가치 있는 목적이 되어야 하는지도 사유하지 않는다. 그저 부를 갈망할 뿐이며, 부는 주어진 목적일 뿐이다. 오로지 어떻게 해야 부를 획득하고 부를 증대시킬 수 있는지 그 방법과 수단만 고도로 발달한 기형적인 상황이 된 것이다.

세계대전이라는 대량 살상 역시 마찬가지다. 전쟁을 왜 하는지, 이

전쟁의 의미가 무엇인지 따져 묻지 않는다. 전쟁을 기정사실로 받아들이고 그 목적의 달성, 즉 적을 더 많이 죽이고 더 많이 파괴하기 위한 수단에 대한 합리성만 고도로 발전하였다. 그리하여 고도로 문명화된 도구로 수백만 명의 참살이라는 가장 야만적인 결과가 나오고 만 것이다. 세계대전은 도구적 이성의 파국이 과학적이고 체계적인 대량 살상임을 보여 주었다.

이는 마찬가지로 아우슈비츠에도 적용될 수 있다. 그곳에서 학살에 가담했던 군인과 공무원들에게는 자신들이 하는 일이 과연 타당하고 용납될 수 있는가를 따져 물을 수 있는 사유 능력이 없었다. 이미 도구적 이성이 파국에 이르렀으며, 그중 가장 도구적 지위에 있는 사람들이 군인과 공무원들이었던 것이다. 그들에게 유태인들을 가장 신속하고 효율적으로 처리하라는 명령은 이미 주어진 목적이었고, 문제는 어떤 방법으로 이를 처리하느냐 하는 것뿐이었다. 이를테면 그들은 '유태인의 죽음'을 의미하는 단어를 사용하지 않았다. 그 어마어마한 살상을 다만 '최종적 해결'이라고 불렀다.

자본주의가 거대한 아우슈비츠일지도 모른다

그런데 아도르노는 세계대전이 끝난 이후에도 파멸을 향해 가는 현대사회의 위험은 사라지지 않았다고 경고했다. 목적에 대한 성찰 없이 그 방편만을 추구하는 도구적 합리성에 매몰되어 있기는 전쟁 이후도 마찬가

존 윌리엄 워터하우스, 〈율리시스와 세이렌들Ulysses and the Sirens〉. 노를 젓는
오디세우스(율리시스)의 부하들은 충만한 행복을 향유할 여유를 포기한 노동자들이다.
오디세우스는 충만한 행복을 향유할 수 있는 자본가에 비유할 수 있다.

지이며, 오히려 더 심해지고 있다는 것이다. 이를 아도르노는 호메로스
의 서사시 〈오디세이〉에 나오는 세이렌의 이야기에 비유했다.

세이렌은 물살이 빠른 협곡 위에서 사람을 유혹하는 황홀한 노래를
부른다. 수많은 선원이 그 노래에 취해 노 젓기를 멈추었고, 협곡에 쓸려
들어가 목숨을 잃었다. 그래서 오디세우스는 부하들의 귀를 막아 노래를
듣지 못하게 하였다. 하지만 오디세우스 본인은 귀를 막지 않았는데, 그 대

신 배를 협곡 쪽으로 몰고 가지 못하도록 자신의 몸을 기둥에 결박했다.

세이렌의 소리를 듣지 못하는 부하들은 부지런히 노를 저어 협곡을 빠져나갔다. 세이렌의 소리를 듣고 황홀경에 빠진 오디세우스는 협곡 쪽으로 배를 몰고 가라고 소리 지르고 몸부림을 쳤으나 부하들은 명령을 듣지 못하고, 또 오디세우스 자신도 몸이 묶여 있어 항로를 바꾸지 못했다.

여기에서 노를 젓는 오디세우스의 부하들은 현대의 인간을 의미한다. 인간은 자기 보존을 위해 죽을힘을 다해 노동을 해야 한다. 자기 보존을 위해 세이렌의 노래를 들으며 충만한 행복을 향유할 여유를 포기해야 하는 것이다. 반면에 오디세우스는 그 충만한 행복을 향유할 수 있었다.

근대 문명사회에서 진정한 인간적 삶의 실현은 대부분의 사람에게 봉쇄되어 있다. 배를 회사로, 노를 젓는 선원들을 노동자로, 그리고 오디세우스를 자본가라고 생각해 보자. 이들 모두는 앞으로 전진해야 한다는, 즉 돈을 벌어야 한다는 목적만 가지고 있다. 그리고 노를 젓는 선원, 즉 노동자들은 삶의 목적, 의미, 아름다움의 향유와는 차단된 채귀가 가려짐 그저 주어진 지시에 따라 '노 젓기'라는 단조로운 일을 계속 반복해야 한다. 이렇게 경제적 부의 증대를 위하여 단조로운 일만을 평생 반복하는 사람들에게 성찰이나 상상력을 기대하기는 어렵다. 이와 같이 현대 시민사회에서 강화된 도구적 합리성은 그에 대한 대가로 삶의 피폐화를 초래할 수밖에 없다. 만약 이 사람들에게 경제적 부의 증대를 위해 다른 사람들을 제거하라고 명령한다면 아마 별생각 없이 대량 학살을 저지를 것이다.

이러한 도구적 합리성에 지배당하는 상황은 도처에서 발견할 수 있다. 특히 최근 들어 빈발하는 학교 폭력이 그렇다. 최근 학교 폭력의 특징은 나쁘고 난폭한 학생에 의해 이루어지지 않는다는 것이다. 가해 학생들은 대체로 지극히 평범하고 선량하기까지 한 학생들이다. 그런데 이들이 무리를 이루어 특정 학생에게 상상하기 어려울 정도로 가혹한 행위를 한다. 즉 학교는 작은 아우슈비츠고, 학생들은 어린 나치가 된 것이다.

이는 학교가 도구적 합리성에 지배당했기 때문이다. 이제 학교는 더이상 학생을 어떤 사람으로 성장시킬 것인가를 고민하는 곳이 아니다.

학교는 주어진 교육 과정을 달성하기 위하여 가장 효율적인 방법을 구사하는 일종의 공장이 되었다. 학생 역시 학교를 도구적으로 받아들이기는 마찬가지다. 학생들은 다만 자신들이 원하는 성공을 위해 획득해야 하는 점수를 따는 도구로서 교육을 생각한다. 점수를 왜 따야 하는지는 묻지 않는다. 오직 점수라는 결과가 중요하며, 가능하면 가장 적은 노력으로 가장 많은 점수를 따는 효율성이 중요하다.

말하자면 학생들은 입시라는 목표를 위해 공부의 목적을 성찰하거나 공부 외의 가능성을 상상하지 않는다. 귀를 막고 공부라는 노 젓기만을 반복하는 선원들이다. 교사는 학생들이 듣지 못하는 것을 들을 수 있고 알고는 있지만 그쪽을 향해 움직일 수 없도록 결박된 오디세우스다. 이런 상황에서 학생들이 특정한 학생을 공격할 수 있는 가능성을 만난다면 그들이 아우슈비츠의 나치, 스탠퍼드 실험실의 간수처럼 되는 것은 시간문제다. 만약 학생들이, 교사들이, 학부모들이 왜 공부를 해야 하며 공부를 통해 어떤 가치를 추구해야 하는지 돌아본다면 학교가 지금처럼 지옥이 되지는 않을 것이다.

도구적 합리성의 강화는 자연과의 관계도 왜곡했다. 이제 자연은 더불어 살아가고 기쁨을 주는 존재가 아니라, 활용하고 개발하여 이익을 뽑아낼 대상에 불과하다. 골프장을 지어서 돈을 벌 생각을 하는 기업가에게, 혹은 그 기업가와 계약을 맺고 공사를 하는 건설업자에게 숲은 치워야 할 대상에 불과하다. 그 속에서 명멸하는 생명의 순환, 그 숲과 교감하며 살아온 주민들의 이야기 따위는 다만 허무맹랑한 동화에 불과한 것이다.

그런데 가장 심각한 문제는 도구적 합리성의 강화가 민주주의를 위협한다는 것이다. 정치에서 도구적 합리성이 강화되면 통치 기구를 운영하는 사람들은 정치를 자신의 정책 목적을 달성하는 수단으로 생각한다. 이 과정에서 비판적인 의견을 가진 사람들이나 시민단체, 언론은 지속적인 소통 대상이 아니라 업무 추진의 효율성을 방해하는 장애물이다. 효율을 중요시하는 관점에서 민주주의 절차는 너무 번잡하고 낭비가 심한 것이다. 도구적 합리주의자에게 최상의 정치는 민주주의가 아니라 고도로 합리화된 행정국가이다. 고도로 합리화된 행정국가는 어떤 만행이라도 일단 저지르기로 결정했으면 신속하고 효율적으로 자행할 것이며, 그 속의 국민들은 그것에 대해 어떤 반발도 느끼지 않을 것이다. 나라 전체가 아우슈비츠가 되는 것이다.

악마가 되지 않는 길은 예술에 있다

그렇다면 이 무서운 디스토피아를 어떻게 극복할 것인가? 아렌트와 아도르노는 서로 다른 해법을 제안한다. 아렌트가 제시한 해법은 **정치적 존재로서 인간의 회복**이다. 여기서 말하는 정치적 존재란 권력을 추구하고 다툰다는 의미가 아니다. 이는 생계, 부, 혹은 학업과 같은 사적인 삶의 관심에서 해방되어 공적인 장에서 진행되는 의사소통 행위에 기꺼이 참여하는 것을 뜻한다. 즉 4년에 한 번 투표나 하는 그런 정도의 참여가 아니라 지역부터 국가 혹은 지구에 이르기까지 다양한 공적 문제에 참여하는 것이다. 이때 참여 방법은 노동조합, 각종 시민단체, 혹은 정당이나 정치결사政治結社, 국제단체 등을 결성하거나 가입하고 단지 회비만 납부하는 것이 아니라 자신의 주장을 내세우고 토론의 장에 참여하는 것이다. 이렇게 사적 이해관계보다 넓은 차원의 사유를 할 수 있는 사람은 잔혹한 행위에 쉽게 빠져들지 않는다.

한편 아도르노는 인문학과 예술에서 그 실마리를 찾았다. 인문학의 고전으로 자리 잡은 문헌과 유산들은 한결같이 질문과 탐구로 이루어져 있다. 인문학이란 인간의 삶 곳곳에서 그 의미를 따져 묻고 다른 대안을 탐구하는 과정이다. 사실 인문학 지식 자체는 그리 중요하지 않다. 대부분의 인문학 지식은 실용적으로는, 즉 도구적으로는 별 가치가 없다. 중요한 것은 인문학을 하는 과정에서 몸에 배기 마련인 의미를 따져 묻는 성찰과 탐구의 자세다. 이렇게 의미를 따져 묻고 성찰하는 자세가 이미 도구적 이성의 반대편에 서 있는 객관적 이성의 참모습인 것이다.

예술은 경험을 크게 확장시키고 공감 능력과 상상력을 길러 준다. 아우슈비츠의 예를 들어 보자. 예술적 소양이 높은 사람이라면 가스실 안의 풍경이 보이지 않더라도 그 안에서 어떤 일이 벌어지고 있는지 상상할 수 있다. 실제로 역사상 예술은 현재 보이는 현실 너머를 상상하는 역할을 해 왔다. 예술적 소양이 높은 사람은 다른 사람을 하나의 대상, 수치로 대하지 않는다. 그가 가지고 있는 이야기로 대한다. 모든 사람은 삶의 이야기를 가지고 있기 때문이다. 이야기를 많이 접한 사람일수록 다른 사람의 이야기에 공감하기 쉽다. 서로의 이야기를 공감하고 공유하는 사람들끼리 잔혹해지기란 쉽지 않다.

평범한 인간이 얼마나 쉽게 악마가 될 수 있는지 되물었던 아렌트와 아도르노 이후 사람들은 대량 학살과 같은 참변의 책임을 몇몇 특정한 악인에게 돌릴 수 없게 되었다. **생각하지 않고 상상하지 않는 평범한 개인들이 바로 악마인 것이다.** 그리고 평범한 개인들이 생각하지 못하게 하고, 상상할 여지를 가로막는 사회가 악마를 배양하는 것이다.

이는 비단 자본주의만의 문제가 아니다. 사회주의나 공산주의 역시 노동자계급의 승리라는 목적을 설정해 둔 도구적 합리성의 체제다. 반공주의를 표방한 나치 못지않게 공산당 역시 노동자계급의 승리라는 대의를 내걸고 끔찍한 범죄를 자행한 까닭은 이 두 체제가 도구적 합리성이라는 동전의 양면에 놓여 있기 때문이다.

인간을 억압하는 것은 특정한 체제가 아니라 모든 사람을 획일화시키려는 도구적 합리성이다. 공공 영역에서의 의사소통도, 혹은 예술적 상상력도 모두 인간 존재의 다양성이 확보될 때 가능하다. 따라서 자본주의를 적으로 두고 모든 계급이 단일한 대오를 결성해서 자본가와 싸워야 한다는 주장 역시 악마의 씨앗을 담고 있다. 킬링필드에서, 혹은 문화혁명에서 노동자, 민중의 적을 처단한다며 무수한 살상을 저질렀던 사례가 이를 증명한다.

이제는 단지 자본주의를 극복하는 것 혹은 자본가나 억압적인 지배자와 싸우는 것이 문제가 아니라 "어떻게 하면 악마와 싸우면서 악마가 되지 않을 수 있는가?"가 문제가 되었다. 계급투쟁이 아니라 사회의 다양성을 유지하고 확대하는 것이 중요해졌다. 그동안 노동운동에 비해 부차적인 자리로 밀려났던 여성, 동성애자, 소수민족 등 다양한 사회적 소수자의 권리를 옹호하는 운동들이 부각되었다. 이를 **신사회운동**이라고 한다. 이와 함께 다양한 각종 비정부기구NGO들이 등장하였다.

이렇게 다양성의 꽃은 예술적 상상력을 통해 널리 퍼져 나갔다. 심지어 아도르노의 상상을 넘어서기도 했다. 아도르노가 대중을 길들이는 용도로만 생각했던 대중음악은 오히려 기존 가치관을 전복하고 다양한 자유를 부르짖는 로큰롤로 폭발했다. 그 밖에도 그라피티graffiti, 만화와 같이 하위문화下位文化로 폄하되었던 예술 장르가 오히려 기존 예술 장르 이상의 상상력을 발휘하기 시작했다.

이러한 흐름은 1968년, 이른바 68혁명이라는 거대한 물결이 되어 유럽과 미국을 휩쓸었다. 68혁명은 특정한 계급이 다른 계급을 타도하는 형태의 혁명이 아니다. 억압적이고 획일적인 가치관, 문화에 대한 다양성의 폭발, 소수 문화의 권리 획득, 그리고 상상력을 억압하는 사슬의 제거를 내건 혁명이었다. "엘비스의 흔들거리는 골반이 68혁명을 만들었다."는 말은 68혁명의 성격을 매우 상징적으로 보여 준다.

실제로 68혁명이 기존의 권력 기구를 바꾼 것은 아니다. 그러나 사회의 성격을 크게 바꾸어 놓았다. 흑인, 여성, 동성애자, 소수민족, 그리고 각종 하위문화, 소수 문화가 마침내 공공의 권리를 획득한 것이다. 이렇게 다양성의 그물이 얽혀 있는 사회에서는 나치와 같이 '하나의 거룩한 목적'이라는 선동으로 단번에 수많은 사람을 악마로 만드는 일은 쉽사리 일어나지 않을 것이다.

엘비스 프레슬리. "엘비스의 흔들거리는 골반이 68혁명을 만들었다." 로큰롤은 기존 가치관을
전복하고 다양한 자유를 부르짖었다.

젊은이들을 68혁명이라는 자유와 발칙한 도발로 이끄는 데 가장 큰 영향을 끼친 지식인이 아도르노라는 것은 부정할 수 없는 사실이다. 그러나 68혁명으로 촉발된 젊은이들의 봉기는 갈수록 격렬해지고 폭력적 양상을 띠게 되었다. 그러자 아도르노는 학생운동을 비판하기 시작했고, 학생운동 과격파는 그가 소장으로 있던 사회조사연구소를 점거하기에 이르렀다. 이때 아도르노는 경찰력 투입을 요청했는데, 이는 68혁명 참가자들에게 엄청난 배신으로 여겨졌다.

마침내 1969년 4월 아도르노의 강의 시간, 여학생들이 그에게 꽃을 집어던지고 젖가슴을 드러내어 문지르는 등 아도르노를 희롱하였다. 이 사건을 계기로 아도르노는 강의를 중단했고, 얼마 지나지 않아 심장병으로 사망했다. 68혁명의 불씨를 지핀 사상가가 68혁명 과격파로부터 받은 조롱과 희롱을 이기지 못하고 목숨을 잃은 셈이다.

일곱 번째 물음:
지속 가능한 발전은
가능한가

지속 가능한 발전이 가능할까

1970년대 이후 인간이 어찌할 수 없는 거대한 자연재해나 자원의 고갈로 더 이상 생존이 불가능해진 지구를 묘사하는 문학작품이나 영화가 늘어났다. 영화 〈투모로우The Day After Tomorrow〉2004에서는 급격한 기후변동으로 미국 전체가 얼음덩어리가 되어 버려 소수 생존자가 멕시코로 피난을 가는 처참한 장면이 나온다. 코맥 매카시Cormac McCarthy의 소설《로드The Road》2006에서는 자원 고갈로 완전히 황폐화된 지구에서 소수의 생존자들이 얼마 남지 않은 자원을 놓고 다투고 심지어 서로 잡아먹기까지 한다. 이런 작품들의 메시지는 분명하다.

"지속 가능한 발전은 가능한가?"

1972년, 여러 나라의 전직 국가원수들이 모여서 결성한 연구소인 로마클럽Roma Club은 충격적인 보고서 하나를 발표했다. 그리고 얼마 지나지 않아 이 보고서를 작성한 MIT연구진인 데니스 L. 메도즈Dennis L. Meadows, 도넬라 H. 메도즈Donella H. Meadows, 요르겐 랜더스Jorgen Randers, 윌리엄 베른 3세William W. Behrens III가 이 보고서를 기반으로 단행본을 발간했다. 이 책이 세계 37개국에서 1,200만 권이나 팔리는 베스트셀러가 되면서 전 세계를 공포로 몰아넣었다. 이 보고서, 그리고 책의 이름은 바로《성장의 한계The Limits to Growth》1972다.

이 책의 어떤 내용이 세계를 공포로 몰아넣은 것일까? 제목에서 이미 짐작할 수 있듯이, 인류는 무한히 성장할 수 없으며, 언젠가는 성장의 한계에 부딪친다는 것이다. 문제는 그 한계가 임박했다는 것인데, 이 책에서 가장 유명한 연못과 연꽃 부분을 인용해 보자.

연꽃이 자라는 연못이 있다. 그런데 이 연꽃은 하루가 지날 때마다 두 배로 늘어난다. 29일째 되는 날 연못의 반이 연꽃으로 덮였다. 아직 절반이나 남았다고 안심할 것인가? 연못이 완전히 덮이는 날은 바로 내일이다.

이 비유에서 연못은 인류의 문명 혹은 지구를 상징한다. 그리고 연꽃은 우리가 아직 괜찮아, 하고 안심할지 모르겠으나 어느 날 갑자기 우리를 파국으로 몰고 갈 수 있는 위험을 상징한다. 연꽃에 해당되는 위험에는 어떤 것들이 있을까? 인구 폭증, 환경오염, 자원 고갈, 그리고 식량 부족과 같은 것들이다. 즉 인류 문명이 발전함에 따라 함께 따라오는 각종 부작용인 것이다.

결국 이 책이 던지는 메시지는 이것이다.

인간은 지금과 같은 눈부신 발전을 계속할 수 있을까?
지금 갖가지 부작용이 나오고 있는 상황에서 인간은 이를 극복하고 지속적인 발전을 이룩할 수 있을까?

이렇게 질문을 던진 뒤 "그렇지 않다."라고 대답한 것이다. 그리고 어쩌면 파국은 바로 눈앞에 임박해 있을지 모른다고 경고한다. 이유는 간단하다. 지구는 한정되어 있는데, 인류 문명이 발전할수록 부작용은 기하급수적으로 늘어난다는 것이다. 그렇다면 대체 어떤 부작용이 우리에게 임박한 위험이라는 것일까?

인류 문명을 위협하는 위험들

로마클럽이 가장 먼저 지적한 위험은 인구 폭증과 이에 따른 자원 고갈이다. 실제로 20세기 이후 인구의 증가는 대단히 부자연스럽다. 현생 인류가 지구상에 모습을 드러낸 것을 10만 년 전이라고 본다면 인류가 탄생하고 99,900년 동안 증가한 인구는 16억 5,000만 명이지만 마지막 100년 동안 증가한 인구는 무려 50억 명이다. 100년도 안 되는 시간에 지난 10만 년 동안 증가한 인구의 네 배만큼이 늘어난 것이다. 이미 맬서스가 오래전에 경고한 것처럼 이렇게 급격한 인구 증가를 감당할 만큼의 식량과 자원을 획득하는 일은 쉬운 일이 아니다.

　사람이 늘어나고 자원이 고갈되면, 그 결과는 전쟁, 기근, 질병, 그리고 환경 파괴다. 지금 우리나라에 살고 있는 사람들은 이게 지나친 걱정이라고 여길지 모르지만 지구 전체 차원에서 보면 이 문제는 실제로 매우 심각하게 진행 중이다. 우리나라는 인구 감소를 걱정하고 있지만, 지구 전체로는 지금도 인구가 폭발적으로 증가하고 있고, 이렇게 인구가 증가하는 지역은 실제로 기근, 자원 고갈, 전쟁으로 인해 수많은 사람이 목숨을 잃고 있다.

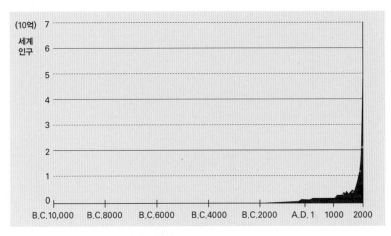

B.C.10,000년부터 2000년대까지 세계 인구 그래프

　　지금도 전 세계에서 절대 빈곤선貧困線 아래에 머무는 인구는 10억 명
이나 된다. 특히 자원이 문제다. 인간은 지구라는 제한된 공간에서 살아
갈 수밖에 없다. 그런데 지구는 무한하지 않다. 만약 지구라는 행성의 자
원을 다 써 버리면 인간은 다른 행성을 찾아가지 않는 한 멸망할 수밖에
없다. 그리고 지금과 같은 속도로 인구가 늘어나고, 지금과 같은 속도로
자원을 소모한다면 지구라는 연못이 완전히 덮여 버리는 날은 당장 내
일이 될 수도 있다.

　　로마클럽은 지구의 주요 자원이 지금 정도의 소비 수준에서 지금과
같은 식으로 인구가 늘어날 경우 몇 년 만에 고갈되는지 시간표를 작성
하였다. 그 시간표는 매우 충격적이었다. 석유, 철, 구리와 같은 중요한 자
원들은 대부분 30년분 내외만 남아 있을 뿐이다. 따라서 2000년대가 되
면 본격적인 자원 고갈 사태에 직면할 것이며, 구리와 석유는 바닥날 것

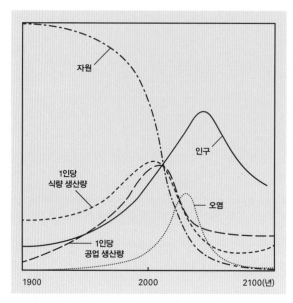

성장의 한계 그래프

으로 예측되었다. 그리고 지금과 같은 추세가 계속될 경우 100년 뒤에는 어떻게 될 것인가를 '월드3'라는 컴퓨터 시스템을 이용하여 모의실험을 해 보았다. 그 결과는 위의 그래프와 같다. 여기에 따르면 2050년이 되면 인류 문명은 성장의 한계에 부딪쳐 내리막길을 걷기 시작하여 2100년이면 사실상 멸망하고 만다.

우리가 살고 있는 2010년대는 인구와 그 인구를 부양할 수 있는 자원 간의 그랜드 크로스grand cross에 임박해 있는 시기로 나타나고 있다. 머지않아 인구에 비해 자원이 부족해지기 시작하고 이 속도는 갈수록 빨라질 것이다.

로마클럽에 대한 반응

《성장의 한계》에 대한 반향은 상당했다. 1970년대 세계 여러 나라가 공포에 휩싸였다. 특히 인구 증가에 대한 공포가 가장 컸다. 그리하여 개발도상국들은 강도 높은 산아 제한 정책을 실시했다. 우리나라에서 "둘만 낳아 잘 기르자." "둘도 많다." "한반도는 초만원" 따위의 구호가 정부에 의해 널리 퍼져 나가고, 중국에서 한 자녀 이상 출산 시 엄청난 벌금과 강력한 사회적 제재를 가하게 된 것이 바로 이 무렵의 일이다. 자원 고갈에 대한 공포도 상당하여, 이때부터 비로소 자원 재활용과 신재생 에너지에 대한 관심이 시작되었다.

물론 로마클럽의 예측에 대한 반론도 만만치 않았다. 반론의 요지는 인류의 자원 획득 수준이 지금 상태라면 파국이 임박했을지 모르지만, 인간의 지혜와 기술도 함께 성장한다는 것이다. 따라서 인구가 아무리 늘어나더라도 그만큼 농업기술, 자원 획득 기술, 그리고 자원의 효율적 사용 기술도 같이 발달하기 때문에 늘어난 인구를 능히 감당할 수 있다는 것이다.

여기에 대해 로마클럽은 기술은 해답이 될 수 없다고 반박했다. 만약 기술을 통해 이 문제들 중 어느 하나를 해결하려고 들면 그 기술이 가져올 새로운 부작용 때문에 문제는 다른 측면에서 심각해진다는 것이다. 예를 들어 식량이나 자원의 부족을 해결하기 위해 토지를 개간하고 광산을 더 많이 개발할 수는 있다. 이렇게 되면 식량과 자원을 더 많이 획득할 수 있을 것이다. 하지만 그렇게 하면서 원시림이 파괴되어 온실가스를 증가시키고 각종 화학비료로 인해 토양과 수질이 오염되고 각종 기계를 농업에 투입함으로써 화석연료의 소비를 늘리는 등 또 다른 문제가 꼬리를 문다. 이런 식으로 하나를 해결하려다 다른 것을 악화시키는 악순환이 계속되다 보면 어느새 우리는 연꽃으로 가득한 연못과 마주치는 것이다. 결국 해결책은 하나뿐, 자원의 소비를 줄이는 것이다. 자원의 소비를 줄인다는 것은 성장, 발전의 속도를 줄이는 것이기도 하다.

당시 세계 여러 나라는 인구의 폭증에 대한 경고는 받아들였지만 성장의 속도를 늦추고 자원의 소비를 줄여야 한다는 말은 잘 받아들이지 않았다. 그럴 수밖에 없는 것이 이 보고서가 발표된 1972년은 자본주의 사회가 최고의 번영을 누리던 시대였기 때문이다. 미국의 전후 번영이 절정에 이르렀고 유럽의 복지국가가 자리를 잡기 시작할 때였다. 세계 대전의 패전국이었던 독일과 일본이 전쟁의 상처를 딛고 기적적인 성장을 보여 주고 변방의 후진국에 불과했던 아시아의 4룡^{한국, 홍콩, 싱가포르, 대만}이 눈부시게 성장하며 세계를 놀라게 하던 시절이다. 그렇기 때문에 이 보고서에 대한 비난과 반발이 거세었다. 경제개발과 산업화가 온 세계에서 지상 과제처럼 받아들여지던 시절에 100년 안에 인류 문명이 종말을 맞이할 것이라고 경고하고 있으니 귀에 들릴 턱이 없었다.

그런데 바로 이듬해 석유 값이 단기간에 몇 배 뛰어오르는 이른바 오일 쇼크^{oil shock}가 발생했다. 석유 값이 이렇게 뛰어오르자 석유가 나지 않는 나라들은 석유 수입을 줄이게 되었다. 온 세계의 경제가 아수라장이 되었고, 인류는 자신들이 석유라는 이 화석연료에 얼마나 많이 의존하고 있었는지 실감하게 되었다. 아울러 석유가 무한하지 않다는 사실에

1979년 6월 2차 오일 쇼크 당시 주유소 앞에 길게 늘어선 자동차 행렬.

공포감을 느꼈다. 만약 석유가 바닥을 드러낸다면? 자원 고갈로 인류가 멸망할지도 모른다는 로마클럽의 경고가 생생하게 받아들여지게 되었다. 더욱이 이 무렵 극심한 고통과 함께 신체가 기형적으로 망가지고 사망에 이르기까지 하는 이타이이타이 병이나 미나마타 병의 원인이 인근 공장에서 배출된 산업폐기물 때문임이 공식적으로 인정되었다.

이로써 사람들은 연못을 덮고 있는 연꽃에 눈을 돌리기 시작했다. 자연을 지배하고 정복하여 놀라운 성장을 거두었다는 믿음도 버렸다. 이제 사람들은 자연을 개발과 정복의 대상으로만 볼 것이 아니라 함께 공존해야 할 대상으로 인식해야 한다는 깨달음을 얻었다. 자연이 파괴되면 인간도 견딜 수 없고 경제성장도 헛것이 된다. 어떤 동물이나 식물이 멸종하는 것에도 더 이상 무감각해질 수 없다. 이는 자연이 균형을 잃어 간다는 신호이며, 자연의 균형이 무너지면 그 속에서 인간도 살아남을 수 없기 때문이다.

정말 인류는 성장의 한계를 극복한 것일까

로마클럽의 주장대로라면 이제 인류 문명은 불과 35년 뒤면 절망적인 상황에 부딪칠 것이다. 현재 이 책을 읽고 있는 청소년이 한창 일할 나이가 되었을 때 세계가 멸망한다면 무척 애석한 일이 될 것이다. 하지만 현재 상황으로 봐서는 그럴 가능성은 별로 보이지 않는다. 로마클럽의 예언대로라면 지금 우리는 이미 석유가 사라지고 철광석이나 구리도 다이아몬드처럼 귀해진 세상을 살고 있어야 한다. 하지만 정말 그런가? 오히려 탐사 기술의 발전으로 인한 유전의 확대, 셰일가스shale gas 등 새로운 에너지원을 발견하면서 2050년이 되어도 석유는 고갈되지 않을 것으로 보인다. 석유나 철광석은 지금 상황으로 봐선 앞으로 수십 년 동안 바닥을 보이지 않을 것이다.

당연히 '지속 가능한 성장'에 너무 신경 쓰지 말고 '최대 속도로 성장'해도 된다는 주장이 나오기 시작했다. 심지어 로마클럽이 지적 사기를 쳤다고까지 극단적으로 말하는 사람들도 있다. 그렇다면 로마클럽은 거짓 선동을 한 것일까?

물론 구체적인 날짜를 잡아 놓고 그날이 오면 자원이 고갈될 것이라고 주장한 부분은 지나치게 선정적인 면이 있다. 게다가 로마클럽은 자원을 획득하고 생산하는 방법을 1972년 당시의 기술 수준으로, 앞으로도 계속 유지될 것이라는 잘못된 전제를 세웠다.

그러나 만약 로마클럽의 경고가 없었다면 지금과 같은 에너지원 탐사 기술에 많은 투자가 이루어졌을까? 그리고 로마클럽의 경고가 없었다면 종이, 금속, 플라스틱과 같은 자원의 재활용이 정착될 수 있었을까? 그런 점에서 적어도 1972년 당시 상황에서는 인간이 지금과 같은 속도로 발전을 계속 추구하면 결국은 머지않은 시간 내에 파멸이 다가올 것이라고 볼 충분한 이유가 있었다.

게다가 최근의 작은 성과에 지나치게 고무되는 것도 문제다. 근본적인 문제는 아직 해결되지 않았기 때문이다. 로마클럽의 주장을 반대하는 논거 중 가장 중요한 것은 인간의 지혜와 과학기술이 계속 발전하기 때문에 자원, 환경 등의 문제에 얼마든지 대처할 수 있다는 것이다. 그러나 이 역시 장담할 수 없다. 바로 **부정적 되먹임**negative feedback 때문이다. 부정적 되먹임은 특정 종의 생물 개체군이 늘어나고 번창할수록 그 개체군 전체의 성장을 억제하는 요인도 함께 늘어난다는 것이다. 여기에 따르면 일시적으로는 자원을 더 많이 확보하는 기술이 성공할 수 있지만 그 기술은 반드시 다른 부정적 되먹임을 불러온다. 그리고 이런 식으로 부정적 되먹임이 계속 누적되어 그 개체군이 더 이상 감당할 수 없을 때, 그 종은 멸종의 길을 걷게 된다.

이러한 과정이 인간이라고 해서 예외가 될 수 없다. 어차피 지구상에서 모든 생명의 종은 시한부의 삶을 산다. 우리가 선택할 수 있는 것은

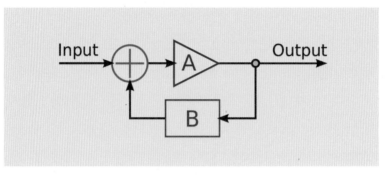

부정적 되먹임. 특정 종의 생물 개체군(A)이 늘어나고 번창할수록 그 개체군 전체의 성장을 억제하는 요인(B)도 함께 늘어나는 현상이다.

그 부정적 되먹임을 최소화하는 것이다. 따라서 일시적으로 석유와 같은 화석연료의 사용 기간을 연장하였다고 기뻐할 일이 아니다. 그것은 또 다른 문제점을 만들어 낼 것이기 때문이다. 앞으로 더 오랜 기간 석유를 사용할 수 있음이 확인되면 신재생에너지 개발이 늦어질 것이며, 그동안 화석연료 사용을 억제하던 요인이 사라지면서 온실가스도 늘어날 것이다. 게다가 사용 기간이 늘어났다고 해서 석유의 매장량이 무한한 것이 아니다.

한편 로마클럽의 《성장의 한계》는 환경, 자원과 같은 지구의 문제뿐 아니라 문명, 제국, 자본주의와 민주주의, 기업 역시 모두 성장의 한계를 가지고 있음을 지적하고 있다. 즉 생물의 종으로서 인류뿐 아니라 인류가 만들어 낸 문명과 이를 지탱하기 위한 모든 시스템도 한계를 지니고 있다. 그리고 그 성장이 어느 시점에 이르면 처음에는 그 체계의 성장 동력이었던 강점들이 오히려 약점이 되어 성장의 발목을 잡을 뿐 아니라 오히려 파국을 앞당기는 부정적 되먹임을 양산한다. 한 시대를 발전시켰던 동력이 다음 시대 발전의 발목을 잡는 꼴이다. 이는 지금까지 인류가 옳다고 생각했던 거의 모든 것이 한계에 직면하고 있음을 의미한다.

성장을 가로막는 또 다른 문제, 불균형

로마클럽은 이후에도 중요한 몇 편의 보고서를 제출하였는데, 그중 큰 반향을 일으킨 것은 1994년에 발표한 〈미래 예측 보고서〉다. 여기에 따르면 앞으로 인류는 다음과 같은 세 가지 중요한 불균형에 직면하게 된다. 그리고 이러한 불균형이 심해질 경우 이는 부정적 되먹임으로 작용하면서 인류 전체의 성장을 가로막는 장애물이 될 것이다.

남과 북의 불균형: 이는 주로 국가와 국가 간의 불균형을 의미한다. 특히 유럽, 북아메리카, 동아시아 등 북쪽에 위치한 부유한 나라들과 아프리카, 동남아시아, 라틴아메리카 등 남쪽에 있는 빈곤한 나라들 간의 불균형이 갈수록 심각해지고 있음을 지적하고 있다. 그런데 이것은 부유한 나라에게도 남의 일이 아니다. 남쪽에서 더 이상 살기 어려워진 사람들이 북쪽으로 대거 이주하면서 이 문제는 부유한 나라에도 당면한 문제가 되어 버렸다.

같은 사회에서의 부자와 빈자의 불균형: 국가 간의 불균형뿐 아니라

한 나라 안에서의 불균형도 심각해지고 있다. 한 나라 안에서의 빈부 격차가 심해질 경우, 이는 사회의 통합을 저해하여 결국 사회를 해체하는 힘으로 작용한다.

인간과 자연 간의 불균형: 인간은 자연을 이용해야 살아갈 수 있다. 인간이 자연을 이용하면 어떤 형태로든 자연에 발자국을 남기며, 시간이 지나면 자연은 이를 원상태로 되돌린다. 그런데 인간이 남기는 발자국이 자연의 회복 속도를 넘어서면서 균형이 무너지고 있다. 이렇게 되면 자연의 균형이 무너지며 인간 역시 그 피해로부터 무사하지 못하다.

이 보고서는 이러한 불균형을 해소하기 위해 물과 에너지 자원의 전 지구적 차원의 관리, 무작정 달리는 성장보다는 뒤떨어진 지역이나 계층을 돌아보는 균형 발전 등을 주장하였다.

로마클럽의 지속적인 문제 제기는 마침내 인간의 경제적 성장과 자연의 존속과 유지 사이에서 균형을 찾아야 한다는 인식의 전환을 가져왔다. 그동안 인류는 자신들이 이룬 눈부신 성취에 도취하여 앞으로 달리기만 했다. 그리고 어떤 문제가 발생하더라도 새로운 기술로 이를 해결할 수 있다고 믿었다. 하지만 로마클럽은 성장에는 한계가 있으며, 따라서 항상 어떤 부정적 되먹임이 있는지 돌아보아야 한다고 주의를 환기시켰다.

지속 가능성에 중심을 두다

로마클럽의 경고는 충분히 들었다. 아무리 탐사, 생산, 재활용 기술이 발달하더라도 결국은 자원이 바닥을 드러낼 것임은 분명한 사실이다. 그렇다면 파국을 막기 위해 인간의 과학기술 문명이 일궈 놓은 성과를 무로 돌리고 자연으로 돌아가야 할까? 자원의 고갈을 막기 위해 우리가 사용하고 있는 문명의 이기들을 포기해야 할까?

로마클럽의 주장이 그런 것은 아니다. 다만 인간의 발전이 자연의 부정적 되먹임을 감당할 수 있는 수준에서 관리되어야 한다고 주장한다. 즉 감당할 수 있는 수준의 성장 속도를 유지하자는 것이다. 이러한 성장이 바로 지속 가능한 성장이다. 아무리 눈부시게 성장하더라도 그 성장이 엄청난 부정적 되먹임을 유발하는 것이라면 그런 성장은 지속 가능하지 않은 성장이다.

이렇게 로마클럽은 이른바 지속 가능한 성장에 대한 관심을 크게 높였지만, 실제 '지속 가능한 성장'이라는 개념을 정립한 사람은 독일의 경제학자 에른스트 프리드리히 슈마허Ernst Friedrich Schumacher 1911~1977다. 이 용어는 로마클럽 보고서가 발표된 시기와 거의 비슷한 시기인 1973년에 발표되었고, 20세기 가장 중요한 경제학 저서 중 하나로 손꼽히는 《작은 것이 아름답다Small is beautiful》1973에서 처음 체계적으로 소개되었다.

이 책에서 슈마허는 지금까지의 인간 문명이 '클수록 좋다.'라는 잘못된 믿음에 입각했다고 비판했다. 생산 규모는 점점 늘어나며, 이에 따라 점점 더 넓은 시장이 요구되고, 공장도 기계도 점점 거대해지는 과정이 근대 자본주의의 역사다. 그런데 슈마허에 따르면 이런 식의 경제는 지속 가능하지 않다. 왜냐하면 자연 자원은 제한되어 있으며, 이런 경제 거대화 과정에서 가해지는 오염으로 인해 더욱더 제한되기 때문이다. 따라서 정부의 경제정책은 이제 성장보다는 지속 가능한 발전에 맞춰져야 한다고 주장하였다.

슈마허가 근대 산업을 부정하고 완전히 자연으로 돌아가자고 주장하는 것은 아니다. 그의 경제학은 인간의 필요와 한계 그리고 기술의 적절한 균형을 요구한다. 그는 기존의 경제학이 가장 적절한 경제활동 규모를 고려하지 않았다고 비판했다. 즉 인간이 누리고 사용하기에 적절한 부와 자원의 한도를 설정하지 않았다. 그 결과 근대 산업 경제는 일단 많이 만드는 것만을 추구하였다.

얼마나 많은 사람이 얼마나 많이 사용할지도 모르는 채 모든 기업이 대량생산을 추구하고, 남아도는 상품을 판매하기 위해 대량 소비를 조장한다. 광고가 상품에 대한 정보 제공이 아니라 불필요한 상품에 대한 욕구를 자극하는 도구라는 것은 이미 상식이다. 최근 한 달 동안 구입한 상품들 중 필요해서 구입한 것이 얼마나 되는지, 그리고 지금도 사용하고 있는 것이 얼마나 되는지 생각해 보면 답이 나온다. 우리는 이렇게 당장 필요하지 않은 상품을 소비하느라 자원을 낭비하고 환경을 오염시켰다.

여기에 국가 간에 경쟁까지 붙었다. 모든 나라가 생산량의 규모를 늘리는 일에만 몰두하였다. 생산량의 총합GDP이 곧 그 나라의 경제력으로 통용되는 현실이 바로 그 증거다. 모든 나라가 GDP의 증가가 곧 국력의 증가, 국민의 삶의 증진이라고 착각하였다. 하지만 정의, 조화, 아름다움,

건강과 같이 좋은 삶에 결정적인 역할을 하는 것들은 생산 규모를 늘린다고 해서 획득할 수 있는 것이 아니다. 오히려 무분별한 경제성장으로 자연과 공동체가 파괴되면서 인간이 이러한 가치들로부터 점점 멀어지는 결과가 빚어졌다. GDP가 매우 높은 나라임에도 불구하고 국민들의 행복도는 매우 낮은 나라들이 부지기수다. 부탄과 같이 작고 가난한 나라 국민들이 오히려 행복도가 높은 것을 단지 주관적 착각으로만 치부해서는 안 된다.

슈마허는 그 대안으로 마을 경제와 적정 수준의 기술을 제안하였다. 슈마허는 과학기술의 발전과 그것이 일군 문명이 본질적으로 인간에게 유익하다고 본다. 그러나 기술의 과도한 발전, 지나치게 빠른 발전과 남용이 문제다. 이는 기본적으로 인간이 자신들의 공동체가 크면 클수록 좋다는 잘못된 믿음을 가졌기 때문에 빚어진 결과다. 이를 전통적인 경제학은 '규모의 경제'라고 불렀다. 사람들은 거대한 공동체를 이루다 못해 거대한 도시를 만들었다. 사람들은 거대한 공장을 만들다 못해 도시 하나만큼이나 되는 공장을 만들었다. 이렇게 거대한 도시와 거대한 공장의 만남은 생산물 하나 단위에 투입되는 비용을 크게 줄였다. 이렇게만 보면 규모의 경제는 매우 효율적이다.

그러나 규모의 경제는 생산에 투입되는 비용의 측면만 바라본 것이다. 규모의 경제에서는 그 속에서 살아가는 사람들의 삶에 대한 고려가 없다. 사람들이 생활하는 공동체는 그 크기가 작을수록 인간친화적이고 자연친화적이다. 대도시의 경우 이미 인간친화적이고 자연친화적 생활이 가능한 규모를 넘어섰다. 그곳에서의 삶은 폐쇄적이고 단절되어 있다. 이렇게 거대한 공동체에 필요한 것들을 제공하기 위해서 생산 규모도 거대화되어야 하며, 기술의 사용도 과도해질 수밖에 없다. 거대한 공장과 과도한 기술은 자연을 황폐화시켜 그 안에서 살아가는 인간의 마음도 황폐화시킨다. 삶은 외롭고 힘들며, 자연은 파괴되고 자원은 낭비된다. 한마디로 지속 가능하지 않다. 반면 농촌에서의 삶은 열린 공간에서 이웃과 대화를 나누며, 자연과 함께하는 삶이다. 물론 그렇다고 산업사회를 농촌 기반 사회로 되돌릴 수는 없다. 그렇기 때문에 슈마허는 중간 규모의 경제, 중간 규모의 기술, 그리고 작은 공동체 단위의 생활을 제안하는 것이다.

지속 가능한 성장, 그리고 중간 규모의 기술과 경제에 대한 강조는 대량생산·대량 소비에 기반한 근대 산업사회가 새로운 변화의 국면에 접어들었음을 보여 준다. 이를 제러미 리프킨Jeremy Rifkin 1945~은 장차 새로운 산업혁명이 일어났다고, 혹은 요구된다고 보고, 이를 **3차 산업혁명**이라고 명명하였다. 3차 산업혁명은 양적 확대만을 추구하던 산업사회가 자원의 절약과 부작용의 감소, 즉 지속 가능성을 중심에 둔 새로운 경제 패러다임으로 전환한다는 의미다.

이는 에너지원 교체와 밀접한 관련이 있다. '더 많이, 더 크게'를 추구하던 기존 산업사회에서 가장 좋은 에너지원은 짧은 시간에 가장 많은 에너지를 만들어 내는 것이었다. 즉 석탄, 석유와 같은 화석연료, 그리고 우라늄과 같은 원자력이다. 이러한 에너지원의 공통점은 다 쓰고 나면 다시 사용할 수 없다는 점, 그리고 사용하는 과정에서 환경을 파괴하고 오염시킨다는 점, 그리고 이 자원의 획득과 이것들을 이용하여 에너지를 생산하는 과정 자체가 이미 규모의 경제 논리, 즉 대규모 시설에서의 대량생산을 따른다는 것이다. 따라서 화석연료에 의존하는 경제는 우선 이 자원이 고갈될 것이라는 점에서, 그리고 이 자원의 사용이 대규모의 부산물^{엔트로피}을 발생시킨다는 점에서 이중으로 지속 불가능하다.

사실 20세기까지만 해도 이 엔트로피^{entropy}에 비해 이들 에너지원에서 얻을 수 있는 에너지가 더 컸기 때문에 이를 대수롭지 않게 여겼다. 하지만 리프킨에 따르면 이제는 여기서 얻는 에너지보다 거기서 발생하는 엔트로피를 제거하는 비용이 더 커지는 상황이 되었다. 물론 새로운 유전 등이 계속 개발되고 있지 않느냐는 반론도 가능하지만, 새로 개발된 유전에서 석유를 퍼 올리는 비용이 과거에 비해 훨씬 높아진 것도 엄연한 사실이며, 그마저도 결국 고갈되고 말 것이다. 따라서 고갈되지 않으면서 부작용도 남기지 않는 풍력, 햇빛과 같은 신재생 에너지가 필요하게 되었다.

하지만 문제는 신재생 에너지가 대규모로 집중된 생산방식에 맞지 않는다는 것이다. 예컨대 풍력이나 햇빛 발전소를 가지고 대도시의 전력을 공급하는 것은 불가능하다. 따라서 생산방식, 삶의 방식의 전환이 요구된다. 규모의 경제는 하나의 거대한 생산 단위와 나머지 소비 단위로 구성되어 있었다. 하지만 신재생 에너지에 적합한 생산방식은 작은 규모의 생산 단위들이 서로 네트워크를 이루어 서로가 서로의 생산자이자 소비자가 되는 방식이다. 이러한 생산방식은 비록 규모의 경제 시대처럼 급속한 성장은 이룰 수 없다. 하지만 성장은 느리더라도 기술 문명을 포기할 필요가 없으며, 무엇보다 앞으로도 지속 가능한 방식이다.

그런데 산업혁명이 혁명인 까닭은 단지 산업상에서의 변화에만 그치지 않았기 때문이다. 마찬가지로 3차 산업혁명 역시 지속 가능한 발전이 환경이나 경제 영역에서만 문제가 되는 것이 아니다. 이제는 사회의 모든 영역에서 지속 가능한 발전이 문제가 되고 있다. 국제연합 역시 이를 심각하게 받아들여 지속 가능한 발전 분과에 환경과 경제뿐 아니라 사회 분과까지 설치하여 미래를 준비하고 있다.

환경: 환경의 측면에서 지속 가능한 성장은 자연환경이 퇴보하지 않고 현재의 상태를 계속 유지할 수 있는 범위 내에서 성장하는 것이다. 즉 현재 인류의 요구를 충족시키는 과정에서 미래 세대가 사용할 환경을 손상시키거나 퇴보시키지 않는 것이다. 이를 위해 인류는 자연적으로 보충될 수 있는 비율 내, 즉 '환경 수용력Carrying capacity'의 범위 내에서 성장을 도모해야 한다. '생물의 종 다양성'을 중요시하는 것도 바로 이 때문이다. 생물의 종 다양성이 유지되고 있다는 것은 아직 자연이 복원력을 유지하고 있다는 뜻이다. 반대로 생물의 종 다양성이 무너지는 것은, 멸종하는 생물들이 발생하고 있다는 것으로 환경에 적신호가 켜졌다는 뜻이다. 멸종하는 생물들이 늘어나고 있다는 것은, 그 멸종하는 생물들 중 인류가 포함될 수도 있음을 경고하는 것이다.

경제: 이는 한마디로 자원의 현명한 사용과 관련된다. 경제적 측면에서 발전은 당연히 인간이 필요로 하는 재화와 서비스를 효율적으로 생산하는 것이다. 그런데 그 생산에 투입되는 자원이 유한하고 고갈 가

능성이 있다면 이를 최소화하는 것이 경제적이다. 경제적 지속 가능성은 자연과 자원의 합리적 이용에 달려 있다. 즉 자원의 소모, 자연의 파괴를 최소화하면서도 어떻게 인간이 필요로 하는 편익을 극대화할 수 있느냐 하는 것이다.

사회: 이는 사회의 체계, 구조, 관계들이 현재는 물론 미래 세대가 건강하고 살 만한 공동체를 이룰 수 있는가의 문제다. 사회적으로 지속 가능한 공동체는 그 성과와 기회를 모든 구성원이 골고루 나눌 수 있고^{형평성} 다양성을 갖추고 다른 공동체와 연결되어 있다. 내적으로는 응집력이 있고 모든 구성원에게 건강, 교육, 고용, 안전 등 높은 삶의 질을 가능하게 하며, 민주적으로 운영된다.

한편 국제연합교육문화기구^{UNESCO} 역시 이 지속 가능한 발전의 세 영역을 중심으로 새로운 교육 목표를 수립하여 이를 지속 가능한 발전을 위한 교육^{ESD}이라고 부르고 있다. 기존의 교육이 높은 생산력을 가진 이른바 인재 양성에 큰 의미를 두었다면 ESD는 인권에 대한 존중, 생태의 다양성 등 환경 감수성, 문화적 다양성의 이해, 미래 세대를 존중하여 현재의 제한된 자원에 접근하기 등 지속 가능한 발전에 필요한 소양을 기르는 것에 무게중심을 두고 있다.

이와 같이 로마클럽이 던진 "지속 가능한 발전은 가능한가?"라는 물음은 크건 작건 오늘날 우리 삶에 큰 영향을 주었다. 사실 이 물음이 제기되기 전까지만 해도 인류는 "어떻게 성장하고 발전할 것인가?"를 고민했다. 그리고 여기서 발전이란 생산과 소비의 규모를 늘리는 양적인 성장이고 발전이었다. 여기에는 좌파, 우파, 진보, 보수가 따로 없었다. 사회주의나 공산주의조차도 기본적으로 발전을 전제로 하고 있었기 때문이다. 사회주의자들조차 모두가 골고루 잘살고도 남을 정도로 생산능력이 성장하고 발전하는 것을 전제로 하고 분배를 주장했지, 현재의 성장과 발전 속도를 늦추자고 주장하지 않았다.

하지만 오늘날 양식 있고 책임 있는 위치에 있는 사람들 중 이런 식의 무분별한 성장주의를 주장하는 사람은 많지 않다. 로마클럽의 여러 주장에 동의하건 동의하지 않건 간에 그들이 던진 "지속 가능한 성장은 가능한가?"라는 물음만큼은 의식하지 않을 수 없는 것이다. 이 물음이 없었다면, 어쩌면 우리는 이미 쓰레기로 가득 덮이고 쓸모 있는 자원이 메말라 버린 행성에서 살고 있을지도 모를 일이다.

읽어 볼 책들

- 앤드류 그레고리, 《왜 하필이면 그리스에서 과학이 탄생했을까》(몸과마음, 2003년), 김상락 옮김.

- 디오게네스 라에르티오스, 《그리스철학자열전》(동서문화사, 2008년), 전양범 옮김.

- 김희영, 《이야기 중국사 1》(청아출판사, 2006년)

- 김희영, 《이야기 중국사 2》(청아출판사, 2006년)

- 김희영, 《이야기 중국사 3》(청아출판사, 2006년)

- 진순신, 《진순신 이야기 중국사 7》(살림출판사, 2011년), 전선영 옮김.

- 맹자, 《맹자》(육문사, 2013년), 박일봉 엮음.

- 로버트 하일브로너, 《고전으로 읽는 경제사상》(민음사, 2001년), 김정수·이현숙 옮김.

- 르네 데카르트, 《성찰》(책세상, 2011년), 양진호 옮김.

- 르네 데카르트, 《성찰: 모든 것을 의심하며 찾아낸 생각의 신대륙》(풀빛, 2014년), 이재환 옮김.

- 김용관, 《데카르트, 철학에 딴죽을 걸다》(탐, 2015년)

- 제임스 글릭, 《아이작 뉴턴》(승산, 2008년), 김동광 옮김.

- 장 자크 루소, 《인간 불평등 기원론》(책세상, 2003년), 주경복 옮김.

- 볼테르, 《캉디드 혹은 낙관주의》(열린책들, 2009년), 이봉지 옮김.

- 루소, 《에밀: 인간 혁명의 진원지가 된 교육서》(돋을새김, 2015년), 이환 옮김.

- 김성은, 《인간을 위한 약속-사회계약론》(아이세움, 2006년)

- 구민정, 권재원, 《민주주의를 만든 생각들-근현대 편》(휴머니스트, 2011년)

- 헨리 조지, 《간추린 진보와 빈곤》(경북대학교출판부, 2012년), 김윤상 옮김.

- 카를 마르크스, 《자본 I-1》(길, 2008년), 강신준 옮김.

- 카를 마르크스, 《자본 I-2》(길, 2008년), 강신준 옮김.

- 김용조, 이강복, 《맬더스가 들려주는 인구론 이야기》(자음과모음, 2011년)

- 허균, 《리카도가 들려주는 자유 무역 이야기》(자음과 모음, 2011년)

- 김수행, 《청소년을 위한 자본론》(두리미디어, 2010년)

- 한나 아렌트, 《예루살렘의 아이히만》(한길사, 2006년), 김선욱 옮김.

- 노명우, 《계몽의 변증법》(살림, 2005년)

- 아네트 비비오르카, 《그들의 무덤은 구름 속에: 엄마가 딸에게 들려주는 아우슈비츠 이야기》(난장이, 2009년), 최용찬 옮김.

- 아트 슈피겔만, 《쥐》(아름드리미디어, 2014년), 권희종, 권희섭 옮김.

- 도넬라 H. 메도즈, 데니스 L. 메도즈, 요르겐 랜더스, 《성장의 한계》(갈라파고스, 2012년), 김병순 옮김.

- 제러미 리프킨, 《3차 산업혁명》(민음사, 2012년), 안진환 옮김.

- 섬광, 《세상에 대하여 우리가 더 잘 알아야 할 교양 25: 적정기술, 모두를 위해 지속가능해질까?》(내인생의책, 2013년)

그림 출처

- 16쪽 https://commons.wikimedia.org/wiki/File:Illustrerad_Verldshistoria_band_I_III_107.jpg

  https://commons.wikimedia.org/wiki/File:Solar_eclipse_1999_4_NR.jpg

- 19쪽 https://commons.wikimedia.org/wiki/File:La_scuola_di_Atene.jpg?uselang=ko

- 21쪽 https://commons.wikimedia.org/wiki/File:Capernaum_roman_olive_press_by_David_Shankbone.jpg

- 23쪽 https://commons.wikimedia.org/wiki/File:Silk_route.jpg

- 24쪽 https://commons.wikimedia.org/wiki/File:Plato_i_sin_akademi,_av_Carl_Johan_Wahlbom_(ur_Svenska_Familj-Journalen).png

- 32쪽 https://commons.wikimedia.org/wiki/File:Destroying_Chinese_war_junks,_by_E._Duncan_(1843).jpg

- 35쪽 https://commons.wikimedia.org/wiki/File:18th_Royal_Irish_at_Amoy.jpg

- 50쪽 https://commons.wikimedia.org/wiki/File:Minamoto_no_Yoritomo.jpg

- 52쪽 https://commons.wikimedia.org/wiki/File:King_Charles_I_after_original_by_van_Dyck.jpg

- 54쪽 https://commons.wikimedia.org/wiki/File:Vue_a%C3%A9rienne_du_domaine_de_Versailles_par_ToucanWings_-_Creative_Commons_By_Sa_3.0_-_073.jpg

- 67쪽 https://commons.wikimedia.org/wiki/File:Frans_Hals_-_Portret_van_Ren%C3%A9_Descartes.jpg

- 72쪽 https://commons.wikimedia.org/wiki/File:Claude_Monet,_Impression,_soleil_levant.jpg

- 76쪽 https://commons.wikimedia.org/wiki/File:Nikolaus_Kopernikus.jpg

- 83쪽 https://commons.wikimedia.org/wiki/File:Cartesian_coordinates_2D.svg

- 86쪽 https://commons.wikimedia.org/wiki/File:Jean-Jacques_Rousseau_(painted_portrait).jpg

- 90쪽 https://commons.wikimedia.org/wiki/File:Newton-WilliamBlake.jpg

- 92쪽 https://commons.wikimedia.org/wiki/File:Nicolas_de_Largilli%C3%A8re,_
  Fran%C3%A7ois-Marie_Arouet_dit_Voltaire_(vers_1724-1725)_-001.jpg

- 93쪽 https://commons.wikimedia.org/wiki/File:Encyclopedie_de_D%27Alembert_
  et_Diderot_-_Premiere_Page_-_ENC_1-NA5.jpg

- 98쪽 https://commons.wikimedia.org/wiki/File:VoltaireCandidFrontis%2BCh
  ap01-1762.jpg

- 101쪽 https://commons.wikimedia.org/wiki/File:Convento_do_Carmo_ruins_in_
  Lisbon.jpg

- 104쪽 https://commons.wikimedia.org/wiki/File:Pestalozzi_with_the_orphans_in_
  Stans.jpg

- 107쪽 https://commons.wikimedia.org/wiki/File:Fran%C3%A7ois_Boucher_009.jpg

- 109쪽 https://commons.wikimedia.org/wiki/File:Kant_foto.jpg

- 113쪽 https://commons.wikimedia.org/wiki/File:Adam_Smith_The_Muir_portrait.jpg

- 114쪽 https://commons.wikimedia.org/wiki/File:Dodger_introduces_Oliver_to_
  Fagin_by_Cruikshank_(detail).jpg

- 118쪽 https://commons.wikimedia.org/wiki/File:Thomas_Robert_Malthus_
  Wellcome_L0069037_-crop.jpg

- 120쪽 https://commons.wikimedia.org/wiki/File:Portrait_of_David_Ricardo_by_
  Thomas_Phillips.jpg

- 123쪽 https://commons.wikimedia.org/wiki/File:Henry_George.jpg

- 127쪽 https://commons.wikimedia.org/wiki/File:Karl_Marx_001.jpg

- 130쪽 https://commons.wikimedia.org/wiki/File:The_hand_that_will_rule_the_
  world.jpg

- 134쪽 https://commons.wikimedia.org/wiki/File:Labor_Day_New_York_1882.jpg

- 139쪽 https://commons.wikimedia.org/wiki/File:Marx%2BFamily_and_Engels.jpg

- 143쪽 https://commons.wikimedia.org/wiki/File:Flickr_-_Government_Press_
  Office_(GPO)_-_Nazi_war_criminal_Adolf_Eichmann_walking_in_yard_of_
  his_cell_in_Ramle_prison.jpg

- 146쪽 https://commons.wikimedia.org/wiki/File:Selection_Birkenau_ramp.jpg

- 149쪽 https://commons.wikimedia.org/wiki/File:Nuremberg_Trials_retouched.jpg

- 155쪽 https://commons.wikimedia.org/wiki/File:AdornoHorkheimerHabermasbyJer
  emyJShapiro2.png

- 158쪽 https://commons.wikimedia.org/wiki/File:WATERHOUSE_-_Ulises_y_las_
  Sirenas_(National_Gallery_of_Victoria,_Melbourne,_1891,_%C3%93leo_
  sobre_lienzo,_100.6_x_202_cm).jpg

- 166쪽 https://commons.wikimedia.org/wiki/File:Elvis_Presley_promoting_
  Jailhouse_Rock.jpg

- 173쪽 도넬라 H. 메도즈 외, 《성장의 한계》

- 174쪽 도넬라 H. 메도즈 외, 《성장의 한계》

- 177쪽 https://commons.wikimedia.org/wiki/File:Line_at_a_gas_station,_
  June_15,_1979.jpg

- 180쪽 https://commons.wikimedia.org/wiki/File:Ideal_feedback_model.svg

교과연계

1   만물의 근원은 무엇인가

- 중학교   역사(상)   8-1 동아시아 문화권의 형성

8-2 인도와 동남아시아 문화권의 형성

8-4 유럽 문화권의 형성

9-4 신항로 개척과 유럽 사회의 발전

역사(하)   5-4 제국주의의 등장과 아시아·아프리카 침략

과학2   1-1 원소

1-2 원자

7-1 감각기관

- 고등학교   과학1   4-1 개항 과정

2   왕께서는 어찌하여 이익을 말씀하십니까

- 중학교   역사(상)   6-1 조선의 건국과 정치체제

6-2 사림의 성장과 유교 질서

7-1 중국의 통일과 유교

역사(하)   5-1 시민혁명과 시민사회의 성립

- 고등학교   한국사   2-3 조선의 건국과 통치체제의 정비 과정

2-4 민족 문화의 발달과 사림 문화의 발전